元華文創

根本佛教

繼《現身佛與法身佛》之後
姊崎正治教授的另一鉅作
凡欲知花蕊色彩眩目的漢傳佛教
或枝葉繁茂的南傳佛教其根柢者
必讀此書

姊崎正治——著
釋依觀——譯

序　言

東方的佛教堪稱花蕊，而南方佛教則是枝葉。但佛教的現狀可以說「僅見花蕊色彩眩目，卻忘其根柢；或枝葉徒見繁茂，幹莖卻是稀疏」。為此，筆者意圖在從來的佛教研究之上，所不曾有過的，亦即藉由巴利佛典與漢譯三藏的對照，探討作為宗教的佛教以及佛陀弘化的真面目。此一信念，即是撰此《根本佛教》一書之由來。

對於佛陀的探討，基於與此相同的見地與研究，筆者先前已出版《現身佛與法身佛》一書。至於該書所用的材料，加以整理之後，係以 *Four Buddhist Agamas in Chinese* 之名出版。本書與此二書有密不可分的關係，因此，若有意對筆者的研究與見解作更進一步了解，敬請參照此二書。

明治四十一年初，印刷所發生火警，阿含研究的相關文稿全被燒毀，然而不可思議的是，竟然得以復原。而本書在印刷即將完成之際，印刷所又再次失火，幸好僅只燒毀部分的排版，原稿並沒有受到波及。印刷所秀英舍在火災過後，立即繼續排版，所以只是延遲約莫一個月發行，在此特為致上感謝之意。此外在印刷及校對方面，係勞煩文科大學學生宇野圓空完成，在此一併致上感謝。

明治四十三年五月　誌於東京

姉崎正治

推薦序

本書是東京帝大名教授兼日本宗教學開創者姉崎正治博士，生平對於印度宗教史、宗教心理學、佛教經典史與佛陀人格史四者，根據南傳巴利聖典與北傳佛教聖典兩者文獻對照，又多方參考現代佛典研究成果，所提出的有關佛陀教法誕生及其偉大宗教人格影響力形成的根源性精闢說書。

因此，本書堪稱明治時代東亞現代佛教學研究的最高峰，不但深刻影響木村泰賢教授的佛教學思想研究，也是繼其柏林大學博士論文《現身佛與法身佛》之後，進一步詮釋的不朽名著。

臺灣佛教史專家
江燦騰　臺大歷史研究所文學博士
臺北城市科技大學榮譽教授

目 次

序 言……………………………………………………………………i

推薦序 江燦騰／臺灣佛教史專家、臺大歷史研究所
文學博士、臺北城市科技大學榮譽教授……………………i

第一篇 總論…………………………………………………………1
佛教的地位…………………………………………………………3

第二篇 佛教思想之淵源……………………………………………11
第一章 實在與諸法實相………………………………………13
第二章 生死與解脫……………………………………………19

第三篇 佛教之發足點………………………………………………25
第一章 解脫得道之理想………………………………………27

第二章　中道 …… 35

第四篇　轉法輪（佛教之根本與佛陀之弘化） …… 43
第一章　四諦、實相與理想 …… 45
第二章　法輪、梵天與諸佛 …… 53
第三章　如來與眾生 …… 63

第五篇　佛陀其人 …… 75
第一章　佛陀一生的經歷及其日常生活 …… 77
第二章　佛陀的教化及說法 …… 99

第六篇　苦諦（世相之觀察） …… 131
第一章　世間多苦之實相 …… 133
第二章　人間之惡德、凡夫之種類 …… 137
第三章　關於惡魔的信仰與傳說 …… 155
第四章　婦女的地位 …… 163
第五章　對於大自然的態度 …… 169

第七篇　集諦（世相之分析）……………………………… 179
第一章　成立原因及十二因緣……………………………181
第二章　五蘊亦即身心之生存行動………………………189
第三章　業因業果…………………………………………197
第四章　諸行無常與諸法無我……………………………203

第八篇　滅諦（解脫之理想）……………………………… 209
第一章　滅之第一義，現身之超絕………………………211
第二章　滅諦之實現、涅槃之階段………………………219
第三章　涅槃之實行………………………………………227
第四章　涅槃之究竟相……………………………………237
第五章　般若、空觀之悟道………………………………241
第六章　諸法實相與本來的佛性…………………………247
第七章　生天與往生淨土…………………………………257

第九篇　道諦（正道及其實行）…………………………… 263
第一章　正道之觀念………………………………………265
第二章　道行之分類………………………………………269
第三章　菩薩之願行………………………………………287

第一篇
總　論

Mahāparinibbāna-s. l. 34.

Ye taranti aṇṇavaṃ saraṃ setuṃ katvāna visajja pallalāni, kullaṃ jano ca bandhati, tiṇṇā medhāvino janā ’ti.

長阿含・遊行經

佛為海船師，法橋渡河津；大乘道之輿，一切渡天人。

亦為自解結，渡岸得昇仙；都使諸弟子，縛解得涅槃。

佛教的地位

佛教是宗教，雖為構築其宗教信行而包容及發表各種哲學思辨、理論概念，然此等思辨及概念實是其宗教信行之附屬，此具有生命力的宗教遂被視為是理論性的。亦即古印度婆羅門階層崛起之所以，是因彼等能透過奧義書（Upaniṣad）哲學精鍊其知識，才能擅長理論及冥想，所以佛教的歷代祖師，於信行的實行之外，為扶植出佛教的一流勢力，也不得不同樣重視思想的組織與鍛鍊。此種情況，如同起始以實行為其特徵的基督教，於其興起之後，亦不得不納入哲學性的考察而與靈知派的思辨等希臘思想有所接觸，故於組織其宗教之外，也同樣具有哲學的架構。

若純粹就哲學的理論論之，佛教所述未必優於婆羅門，其大致的宇宙觀不出於奧義書所述。但若論及作為宗教，其風靡人心的勢力，或社會人文受其感化所影響之力，可以說佛教實較印度任何宗教優秀。婆羅門教其哲學思想雖然深遠，但實際的感化，只侷限在擁有四姓制度與吠陀祭祀的印度國境內。反之，佛教的感化及於四方，在各種方面皆有自由的發展，據此看來，其宗教的感化實具有宏大遍通的根本原動力。

受此現實有限的生命所制的人心，希望觸及無限超越的生命，且意圖於現實中求之，宗教的產生在於此。故就理想而言，任何宗教皆具有無制限的勢力，但受限於現實，人心並不容易掙脫其束縛。如此的束縛或作為天然物質之力而糾纏人生；或作為家族種族制度而制裁人生。而人心則希冀有一超越此等制限的某物存在，故宗教或呈現為崇拜自然或與社會制度相串聯，意圖於其中訂定其神聖的終局目的。

例如儒教特將天體運行或四季循環視為天道啟示，此外，又於其家族主義的社會道德中，追求人道之理想，指出天人兩道合一。猶太教則將一切萬物視為皆隸屬於一創造及主宰之神，而此主宰神又是特為寵愛自己民族之神，由此發展出視其民族所傳法律為唯一神聖神法的宗教。而印度人亦不遑多讓，將太陽風雲等一切自然力雄大的呈現都視為神，進而將以祭祀諸神的司祭為中心的社會制度以及古來的道德視為宗教要件。

此等天然崇拜與社會的宗教，皆是應其國、其時及人心所需，出自社會發展所要求，其勢力之感化當然與宗教的職分相應。

雖然如此，但偏倚於外物勢力的宗教終究無法滿足意圖自我實現無限生命的人心。將社會制度以及古來道德視為唯一最上目標的宗教，終將只是拘泥於古來制度，不能完成其自由發展。

當人心開始內省，其自覺被喚起時，崇拜自然的宗教遂被發現有所不足，因此，轉而趨向以自己為本位的道德，同此，當發現社會制度的束縛過重，其神聖性也被懷疑時，超越此等現實規定或固定的道德，乃至心靈自由的欲求，由此產生。

約莫西元前六世紀，不約而同的，東西方的人們開始發展其心靈上的自覺。老子提出於仁義忠孝之上，更有所謂的大道。瑣羅亞斯德（Zarathustra）將自然所存的清濁之爭，提高為道德性的，又在以司祭為中心的宗教中，加入心靈的要求；猶太教的預言者以賽亞（Isaiah）等意圖超越祭祀與法律，僅以依賴神而獲得不疲之力，凡此大抵皆出現於同一時期。

而蘇格拉底意圖於自律的道德上，發揮人心之威嚴，為此，遂與在來的信仰發生衝突，觸犯社會忌諱等等，此又是西洋思想上劃時代之舉，其過世是在西元前 399 年。簡言之，社會本位的道德轉為以個人為本位，法律制度的宗教被心靈的甦醒摧破，東西方不約而同的，大抵都是發生於此前後的二百年之間。

而於此人心之大革命中，樹起其特別之旗幟的，實是佛陀（Buddha），晚五百年才出現的基督除外，可以說佛陀是當時世界宗教的最大明星。基於「我是一切知者，是一切勝者」之自覺，以相應其自覺的人格之力，化導眾生，意圖於人心開啟其心靈自覺之種的，即是佛陀，因其眼中不存在自然紛紛之威力，又能超越社會與神法之威權。

反之，猶太的預言者尚未完全擺脫其以民族為中心的觀念，至於老子，雖宣揚大道，然尚未親自體現之時，佛陀早已宣布其超越神法之法音，自己又作為大法之權化，亦即作為如來（Tathāgata）而教化世人。又當瑣羅亞斯德猶拘泥於祭祀行法時，佛陀早已棄捨一切祭祀。當蘇格拉底方始於人心種下知見之種，佛陀早已綻放其教法之華，且頒布其果實於人間。

至少其他諸賢尚未臻於此心靈的自覺之時，佛陀已有此自信，又具有令信者真心相信之力。相對現實的束縛，佛陀主張心靈的自由，而其人則親身體現最普遍的理想。亦即佛陀的宗教其主力在於佛陀本身，而其勢力則及於心靈的自由之境。

佛陀的宗教是應人類心靈要求，相對於以司祭為中心的社會宗教而興起的。就其興隆之跡看來，恰似一種社會改革，亦即無視於四姓制度而傳達其平等的福音，但如此的社會福音是心靈宗教的結果，並不是其感化力之根本或出發點。其原動力在於佛陀的心靈自覺，其興隆出自佛陀人格的勢力。大抵而言，人格的勢力是活生生的事實，理論概念只是次要事項。為此，佛陀為宣揚其心靈自覺的內容，直接勸誡的採用較多於理論證明。

佛陀說法時，雖也採用分析性的解釋，然其目的不在於宣明其哲理，而是為給予對方對於修行具有必要的領解。作為佛教的根本，且其信念及世界觀可說最為簡明的苦集滅道四諦，其性質與其說是經由考察思辨所得，不如說是依其直接經驗而體得的直觀。又佛陀宣說此四諦的目的並非只是為令吾等觀察世相，更是為資助吾等道行。

世界是苦之說，並不是考察之結果，而是吾等可直接的經驗。求其苦因，所提出的集諦，並不是為知識而探其原因，而是為滅其原因而除苦。至於其理想之滅，也不是以言說揭示，而是以令吾等依內觀而證悟為主。相信佛陀的人尊仰佛陀為師主，既以佛陀為師主，又如其人依內觀思惟而得最深之法，隨順其教示，與信行相應，自己亦能獲得其所得證悟。

其修行目的，消極而言，雖是解脫生死，然此解脫生死在於開發己心永遠的光明。此信行之保證完全在於佛陀的人格，如同佛陀脫離迷情，成為正覺之如來，我等亦應以正覺作為理想，而最後可到達的信仰則是佛道修行的原動力。

佛陀以三世諸佛同一成道作為眾生成佛的保證，直至後世，佛教徒仍然相信「佛本是凡夫，我等終將成佛」，其因在此。而實行此信仰理想的方法，是依循師主教示守戒、修定及開啟智慧。不只是佛教徒修持佛陀所揭示的戒定慧，佛陀自己亦依修此可到達正覺的同一乘之戒定慧。

此一理想、此一保證、此一方法皆以佛陀的人格為中心。就一切信仰皆集中於師主的人格，以師主為歸依而言，可以說佛教完全是信賴的宗教。一聲「隨我來」而歸依正覺佛陀的直傳弟子的述懷，所呈現的佛陀化導事蹟，以及上座弟子的述懷之所呈現，乃至後世佛教雖分成多種門派，但仍可看出其中心點皆出自對於佛陀的信仰，以及以與此有關的考察為主要。

雖然如此，若就內容而言，佛教可說是心靈自覺之宗教。佛教徒並不只是崇拜佛陀而已，而是以開發己心的佛性為其理想。就此而言，戒定慧正是到達此一目的的方法，而作為師主的佛陀亦非其信賴之究竟目的，而是其信行之導師或修道之橋梁。「佛是船師，自度至彼岸，又度人至彼岸。佛是法橋，是渡河津之大道」。

因此，佛陀於其入滅之前，告誡弟子：師主入滅之後，勿嗟嘆師主已不存，應各自為己之燈明，應自歸依，應精進不退。亦即佛教是信賴的宗教，同時又是自律之宗教，其行是聖道之修行。後世佛教所產生的他力信仰，是從信賴的方面發展所成，但佛教實以聖道修行，亦即以自心成佛為其本義。

此恰如同基督教。基督作為天父之子而來此世間，而其宗教是主張我等亦應如天父之完美無缺，一如基督是神子，我等亦為神子。然隨著歲月推移，其教徒於信基督之餘，加上恐懼神罰之情，基督遂被視為是神罰的代替者而受崇拜。此係基於人格的信仰所致，是應其要求而產生，然此並非出自基督意願。如同說為例外可以證明規則，此二種宗教於後世雖開發出他力信仰，但也足以得知其教主的人格勢力是何等宏大。

要言之，佛陀的宗教淵源自佛陀本身，是以其人之信仰證悟作為生命。佛教的感化是以佛陀為其出發點，以涅槃的理想為其所規。雖然如此，但對於今日意圖研究佛教者而言，並無法直接觸及佛陀本人，吾等所知的，只是其感化事蹟、其所宣示的教法乃至其教法發展等事後現象。亦即吾等的研究既然是仰賴於材料，首先則必須從佛陀所悟得之法探究，進而於其法之中探索其人。此恰如光線本體雖有波動，然其研究須從於光之強弱、色之種類開始而溯及本體，亦即須以佛陀教法的內容為發端而活化其教法，進而溯及作為其感化之中心的人格。

第二篇
佛教思想之淵源

Chāndogya-up. 3. 14.

Manomayaḥ prāṇa-śarīro bhā-rūpaḥ satya-saṅkalpa ākāśa-ātmā sarva-karmū sarva-kāmaḥ sarva-gandhaḥ sarva-rasaḥ sarvam-idam abbyūtto 'vākya-nādaraḥ.

Eṣa ma ātmā 'ntar-bṛdaye, 'ṇīyān vrīher vā, yavād vā, sarṣapād vā, śyāmākād yā, śyāmāka-taṇḍulād vā; eṣa ma ātmā 'ntar-hṛdaye, jyāyān pṛthivyā, jyāyān antarikśāj, jyāyān divo, jyāyān ebhyo lokebhyaḥ.

Sarva-karmā sarva-kāmaḥ sarva-gandhaḥ sarva-rasaḥ sarvam-idam abhyātto, 'vakya-nadara; eṣa ma ātmā antarhṛdaya, etad Brahma, etam itaḥ pretya abhisambhavitā asmi iti yasya syādadha na vicikitsā asti iti.

Bṛhadāṛaṇyaka-up. 4. 4. 19-20.

Manasā eva anudraṣṭavyaṃ:
na iha nānā asti kiñcana.
mṛtyoḥ sa mṛtyum āpṇoti,
ya iha nānā eva paśyati.
Ekadha eva anudraṣṭavyam.
etad aprameyaṃ dhruvaṃ,
virajaḥ para ākāśād,
aja ātmā mahan dhruvaḥ

第一章　實在與諸法實相

相對於在來的宗教，佛教的特色在於其信行中心是佛陀。雖是如此，然其思想觀念之構成以及材料實淵源自吠陀，集中於實在、生死與解脫等三方面。若闡明吠陀思想中的此三項，既能了解佛教思想之所基，又能辨別出其得以「出藍」之所以。

吠陀（Veda）的神話中有眾多之神，彼此參差錯雜。其司祭一一讚歎神德，謳歌其行事功績，並將其思想信仰宣揚為神話，其信仰隨從天然之轉變而有多種面向，彼神、此神隨時更移而崇拜多神。雖然如此，但在神話中，潛藏著熱誠祈禱之宗教，其超越大自然而探求實在普遍之神的傾向，亦呈現於吠陀之中。為此，《梨俱》（Ṛc）讚歌之外，有《夜柔》（Yajug）之祈禱。讚歌與祈禱合而為一，是意圖統一性的了解熱切信仰所形成的神話。當《梨俱》讚歌之信仰從其表面的多神的神話進而探討潛藏於其內在的存在時，自然推至唯一存在的思想。或曰：

賢人不云一之存在為多樣，

或稱為阿耆尼，或稱為閻摩，或稱為瑪達利希嵩。（《梨俱讚誦》一卷一六四之四十六）

又說為「諸神之中，神（deva）乃唯一」（同書十卷一二一之八），又讚歎明星之德，曰：「諸神之大神格（asuratva）唯一」（同三卷五十五之一）。雖然如此，但吠陀之思想家並不是抽象的看待此唯一之神，而是意圖於熱切祈禱的宗教經驗中，約略得其大要，而後才闡明其觀念。

吠陀的思想家並不只是思想家，而是掌管祭儀的司祭僧侶。因此，彼等的宗教信心先是於虔敬的祭儀行事中發見，又於熱誠的祈禱中經驗之。彼等相信以犧牲供奉諸神，即能感動諸神，從而得以支配自然界的風雲或人間禍福。作為犧牲的供物具有創成之力的思想遂由此產生。而供物得以發表此力之所以，則來自於熱誠的行此供犧行事。基於如此的經驗，意圖依熱誠的祭儀與祈禱即是生生之力的思想而說明萬物之因、世界之存在的，即是有名的《梨俱吠陀》十卷九十章的「普魯夏」（Puruṣa）之說。其所說是「太初時，一切皆無，唯有混沌，如同大塊之巨人普魯夏犧牲其身而形成萬物。此巨人碎骨分身之思想也見於其他神話，但吠陀特將其碎骨分身歸諸犧牲之祭事，更且唯心的說明彼以身為犧牲之決心是來自於滿幅之熱誠（ta pas），而且如同我等的熱誠是呈現於祈禱之呼吸（ātmau, prāṇa），此神是以呼吸造作萬物。得此神之呼吸，得此力而生存，而得以維持天然之秩序的，是一切的萬物（prajā），故又稱此神為眾生主（Prajā pati）（梨俱十卷之一二一，眾生主章）。如是，最初之巨人普魯夏與生命主雖然其名有別，其神話有別，但同樣是將作為供犧祭事之根本的熱誠視為一切生命的根本。此根本的思想一方面傳予以祭事為主要的真言教，另一方面則成為具有唯心傾向的一般印度人思想之根柢。

較祭事為重的信仰與主觀主義之思想，有更為適切的合一，且於其中尋求其根本的，即是祈禱，亦即梵（Brahman）之觀念。出自熱誠信仰的祈禱能感動諸神。而普魯夏之力亦出自於此，眾生主之實體也在其中。就現實而言，此梵即是言語（Vāc）；就神話而言，是祈禱主（Bṛhaspati 或 Brahmaṇaspati）；就主觀而言，是潛藏於主觀深處的我，是一切生氣之根本的呼吸。印度人稱我與呼吸之實體為「阿特曼」（Ātman）。無論稱為普魯夏或稱為眾生主，不外於都意指「我」。因此，此「我」即是「梵」，Aham brahmāsmi 的此一思想即出自吠陀祭法宗教的最高思想，是奧義書哲學的中心觀念。亦即相對於雜物，阿特曼是精氣（prāṇa）；相對於支葉，阿特曼是本體（puruṣa）；相對於外物，阿特曼是我；相對於現象，阿特曼是實相（satya）。外界雜多的自然現象，或供犧祈禱之祭事，若論其精髓，實為一體，其精髓即是「我」之本體。

> 以心意為性，生氣為體，光為形，真為所思，虛空為阿特曼，造作一切，意欲一切，嗅一切，味一切，包括一切宇宙，無言說，無吶喊。
> 此我是阿特曼，在心之中。較小於米粒，較小於麥粒，較小於胡麻粒，較小於罌粟粒。此我是阿特曼，在心之中。較大於大地，較大於虛空，較大於天，較諸多世界大。
> 造作一切，意欲一切，嗅一切，味一切，包括一切宇宙，無言說，無吶喊。此我阿特曼在心之內。此乃是梵，去此世，後行於彼，成為彼。（姜多其亞三之一四）

如此周行不改之本體是一切現象的材料因，又是活動之因。在不可捉不可見，又是可捉可見之根柢，有此阿特曼。非彼，非此，又是彼或此，亦出自阿特曼。亦即是實在（sat）。

非此，非彼，所以是非所見之色，亦非能見之眼。然彼此皆以阿特曼為體，故無論色或眼，就其根本而言，皆是阿特曼。因此，阿特曼是超越認識之主客，又包括之。不只是非知，非所知，更且知者與所知為同一體，故其知是絕對的認識。差別性的知只是此絕對認識的單方面。而絕對認識是一切差別性之知的根本，故其體是聰明叡智，是無所不知的知者（vijūāuamaya），是無所不思之考察者（mouorunya），知（cit）正是其實體。是故，實相與知非二。事後之知是差別性的知，待知才存在的事物非實有。反之，實相與知合而為一的阿特曼與其存在皆是知，又知即是其實相。亦即 sac-cit（普利哈達四之五之十五）。

如此看來，奧義書所說的實相是超越一切差別現象，其世界觀具有絕對的唯心論傾向，雖然如此，但極端宣明其傾向的，則是後世的吠檀多派哲學，奧義書極盛時期的思想則著重於現象與本體無區別的諸法實相方面。阿特曼的實在是於一切現象中，顯現其實在，不任人揣度，不能知之，以差別為差別而觀之者，是為人之迷。若見一一光為差別之光，則忽視放其光又見其光之主體；若了知光與見者乃是同一阿特曼，則於認識其一一光的知之中，已有光之實體。如同知與體的同一不二，於差別的現象中，已有阿特曼。稱此為實在，稱為達磨（dharma），亦即法，又稱為薩多亞（satya）。佛教諸法實相的觀念乃萌芽於此，佛陀內證的知見即出自於此。

諸法實相（Dharma-tathatā）或者真如之觀念，在奧義書的阿特曼思想中亦可見及，若溯其源，則於「普魯夏章」的神話中既已現之。亦即從將普魯夏以其身為犧牲的祭事稱為「達磨」(dharmāui，神我章之十六)看來，應是隨順祭事規律的如法行事之義，但不可否認的是，此乃承認於此如法行事之中，具有萬物生成之力。「眾生主之歌」的依天地開發而生成萬物，將眾生主開發天地視為真理正法(satya-dharmā)，顯然是承認天地之秩序，於祭事規律的達磨之外，更有天道自爾之達磨。因此在奧義書中，可以窺見將絕對的實在、絕對的認識的梵視為正法之實相，又將實相視為道德之歸趣，於諸法中見實相，將隨順實相視為善德之思想。

將梵視為阿特曼，於我之中探求實在的思想若與佛教相比較，看似背離無我之教說，但佛教說為無我的「我」，是指我執之我，未必具有否定實相之意。另一方面，佛陀於其內觀的證知之中，證得真理亦即實相的自覺信仰，亦可視為是立基於阿特曼的實知與知見合一之觀念論。後世佛教將無我之教說轉說成「常樂我淨」之所以，實因於其乃紮根於印度思想。

第二章　生死與解脫

實在的梵雖超越主客之別，立於差別的現象之上，但一切現象實基於此實相而存在，主客的認識不外於是絕對認識的特殊發表。因此，呈現於現實的實在（satya）絕非脫離實在的梵，而是出自梵本身而顯現分別。而此分別之相係依名（nāma）、色（rūpa）、業（karma）等三者而生起。於初始無有亦無非有的混沌之中，於實相之中，生起「我」之意識，自此有「彼」、「我」之名，既有我與彼之名異，從而性能形式亦異，自此而形生（旃多其亞六之三之二～三，阿立哈多一之四之七等）。從對於分別現象的神話性的說明推進至稍帶宇宙論色彩，成為將名色業的實在與梵之實在合而為一的三位一體說（阿立哈多一之六）。以身體譬之，名是言語口舌，形是眼，業是肢體四肢，而實在恰似生氣或精神。因此，對於不離實在，但又不可觸的梵，名色業是給予可觸之形象，令不可掌握的實在生起可掌握之相，又令自爾不動的阿特曼進入活動的世界，進入善惡應報之世界，生死輪轉由此產生（普立哈多三之二及四之四，亞西尼亞瓦魯其亞之問答）。

如此的實相與現象的世界是相對立的，此乃唯一不滅，而彼則呈現差別生死，是故僅見其現象，不知其實相者，即陷於迷，於迷中造作善惡行為，故受其業報支配（普立哈多四之四之十～十一）。反之，於我之自身發見此實相，將現象攝納於實相，於一身體得三世，於一心洞見萬物者，則臻於知見與實相合一之境而成為梵（同上四之四之十二～一八）。

應以心如此而見，此處無任何差別，
於此處見差別者是死人，將到達於死。
知此為一，乃是不可測、常住，
無穢，高於空虛，不生，大常住之阿特曼。

奧義書哲學於其初期首先是熱衷於探求實在，以及如何知之，如何體得的問題。就於超越差別生死之彼岸探求實在而言，可以說近於否定現象的實有，其後期的將實相與現象作區別，將現象完全歸於虛無的思想，此時尚未成熟。從而尚未將由實相生起現象之原動力歸於無明，將無明視為是於「實無生有」的如幻的生成力。如同認為依祈禱之熱誠（tapas）而作成萬物，名色業亦有如同梵的自爾之屬性。所謂生死之苦界，並不是指名色業之差別，而是指見此差別，卻不見其內在的實相。執著業報，盲動於愛著，故受生死玩弄，陷於闇冥之生（普立哈多四之四之五）。因此，若脫離此愛著，於差別之中，見平等之實相，則於差別界之中，實相既已現前，於生死之中，已得不滅，於自己得見實在之梵。

依對於生死與解脫的關係所持見解而衍生出三種思潮。其一是將現象視為實相之必然附屬或屬性，研究其衍生徑路。其二是嚴格區別現象與實相之對立，將差別生死完全視為虛無迷妄。其三是於現實之實相（satya）之中，向徹見實相之方向趨進，相較於理論，更重視於實行之中體得實相。

第一種可以爾後的僧佉（Sāṅkhya）派哲學作為代表，其傾向見於《白馬（Śvetāśvatara）奧義書》，此係將發生差別之原動力視為實相本身必然具有之屬性。此屬性較先前作為名色業而揭的，更為明確，又較視為火、水、食的，更為抽象，其有名的喜（sattvas）、憂（rajas）、闇（tamas）等三德，亦即求那（guṇa）的學說即是。此一論說可見於爾後的敘事詩，尤其是《薄伽梵歌》（Bhagavad-gīta）之中，乃是其宇宙說明之根基。此一傾向初始是婆羅門宗教思想中，其哲學方面的代表，是與瑜伽（Yoga）的觀行相輔相成。職是之故，於此學說之中，重視說明現象界之成立，但尚未提及有關生死解脫的獨立學說或方法。敘事詩之後，或佛教之後，依此學說而組成教派時，才將三德所具有的自性（prakṛti，亦即萬有之實體）與離此實體之神我（puruṣa，亦即精神）區別開來，將精神解脫萬有之束縛而三德謝去視為理想。此二元的學說乃是僧佉派特有的觀點，今暫且略過。唯應注意的是，意圖依實相及其屬性的關係而說明現象成立的學說，亦即廣義的僧佉是存在於奧義書之中，於其後的哲學中，乃是有力之學說，佛教成立時，其思想猶存，且支配一般思想界，爾後被納入於佛教的宇宙論之中，更且在俱舍及唯識的學說中，仍延續其生命。

有別於僧佉之重視實相論，第二是著重於實相本身乃是超越一切差別、一切認識。因此，以不知實相而執著現象的無明（māyā）為分界，現實與實相必須有所區別。二者既然有別，因此，解脫生死與無明也是完全不同的狀態，據此而提出無宇宙論。於爾後的吠檀多（Vedānta）哲學中，此一結論完全呈現，然其萌芽是在奧義書，富含諸法實相觀念的《普立哈多拉尼亞卡》以及《卡達》、《伊夏》皆可見之，而《邁多拉亞卡》更是明白地將現世視為苦界，《曼多庫亞》的註釋家迦烏達帕達（Gauḍapāda）則明確揭出一元實在的無宇宙論。此吠檀多的傾向實可與僧佉相提並論，在印度思想界具有強大勢力，任何思想家多少都受其影響。爾後的般若系統的佛教可作為此流思想之代表，此外，若論究佛教的出發點，從無明解脫或斷滅生死之理想實具有重要位置，此特應予以注意。

第三，勉勵雖處於生滅現象中，然應離愛著觀諸法實相的，即是瑜伽（Yoga）的觀行，此乃是與僧佉（亦即哲學的研究）相輔相成的觀法。雖然如此，但傾向於僧佉者，是著重於現象發生之研究，而瑜伽的觀行則可附著於任何學說，用於作為宗教上的實踐。《薄伽梵歌》不作區分的言及僧佉與瑜伽，並指出研究與實行實應相輔，但若從此說之提出看來，可以發見二者有別的傾向確實存在。佛教與《薄伽梵歌》的興起何者為先，難以斷定，但佛教的根本可說在觀法的實行，努力於觀法之中，屏絕我執，徹見諸法之實相。將觀法之禪定作組織性的，又意圖於事相修行中，獲得神通悉地（siddhi）的佛教，其後的發展實與瑜伽之發展相互影響，此姑且不論，瑜伽的觀法在根本佛教中確實具有勢力，此應特為注意。

據此看來，印度的哲學思想中，實在與諸法實相的觀念具有作為其根本的主要傾向，但在生死與解脫的問題上，開展出不同方面的潮流。出於此間的佛教，其思想之根本實與一般的印度思想並無大異，但在解脫的問題上，著重於實行的方面，相較於抽象的思索，更著力於實驗之證悟，此為其特色。隨著後世佛教的發展，前述的三種思潮在佛教中也有各具特色的開展。若佛教的信仰中心不含佛陀的人格感化，此等諸派各自與其同類的婆羅門哲學派相結合，佛教恐將因此而瓦解崩毀。

第三篇
佛教之發足點

Saṃyutta-Nikāya, 22. 90.

Dvaya-nissito khvayam, Kaccāna, loko yebhuyyena atthi tañ c'eva, n'atthi tañ ca. Loka-samudayaṃ kho, Kaccāna, yathābhūtaṃ sammāpaññāya passato yā loko natthitā sā na hoti. Loka-nirodhaṃ kho, Kaccāaa, yathābhūtaṃ sammā-paññāya passato yā loke atthitā sā na hoti. Upāy-upādāna-abhinivesa-vinibandho khāyaṃ, Kaccāna, loko yebhuyyena; tañ cāyam upāyupādānaṃ cetaso adhiṭṭhāna-abhinivesānusa-ya na upeti na upādiyati nādhiṭṭthāti: attā me ti. Dukkhaṃ eva uppajjamānaṃ uppajjati, dukkhaṃ nirujjhati ti, na kaṅ-khati, na vicikicchati, aparapaccāya ñāṇam evaṣsa ettha hoti. Ettāvatā kho, Kaccāna, sammādiṭṭhi hoṭi.

Sabbam atthī'ti kho, Kaccāna, ayaṃ eko anto. Subbaṃ natthī'ti ayaṃ dutiyo anto. Ete te, Kaccāna, ubho ante anupagamma majjhena Tathāgato dhammaṃ deseti.

雜阿含六入品（辰二之五四）

世人顛倒於二邊，若有若無。迦旃延！如實正觀世間集者即不生世間無見，如實正觀世間滅者則不生世間有見。世人取諸境界心便計著，迦旃延！若不受、不取、不住、不計於我。此苦生時生，滅時滅。迦旃延！於此不疑、不惑、不由於他能自知。是名正見。

迦旃延！如來離於二邊說於中道。

※※※※※※※※※※※※※※※※※※※※※※※※※※※※※※※

參照。雜阿含大空法

S.一二之一五。

同本雜阿含・蘊五品

S.四四一〇。

同本雜阿含・如來品

第一章　解脫得道之理想

斷絕一切名色差別、一切生死流轉的狀態，即是解脫。所謂的解脫，即是奧義書所說的大我智見（Ātma-vidyā），要言之，是指戰勝五官之纏縛，破除我見我執，破除拘泥於差別而不見諸法一如實相的無明（avidyā），因此得大我智見。就臻於此境所應作的預備，予以研究與考察的，是僧佉，而實行及體現此一考察的，則是止觀之瑜伽。亦即僧佉的知，是為到達解脫而作的理論性的預備，而瑜伽則是其實現的方法。借用陽明所說，可以說「僧佉的知」是「瑜伽的行」之開始，「瑜伽的行」則是「僧佉的知」之完成。此知行一致的完成即是大我智見，敘事詩稱此為實在的歸入，亦即梵涅槃（Brghma-nirvāṇa）。佛教之理想的涅槃，或到達此境的信與行，大體上，無異於婆羅門的此等思想。理想、理論與實行相合，遂形成佛教此一宗教，其理想是解脫的涅槃境；其理論是就我執作分析，就身心之成立注入研究，而其行則在於禪定與戒行。但佛教之理想的涅槃，並非只是藉此得以出離而已，而是佛陀既已實現，且為吾等示現的具象的涅槃。其理論，亦即世界觀，不只是哲學的理論，而是師主佛陀的教法，而佛弟子以自己信奉之，亦能獲得智慧為其目的。其觀行同樣是隨從佛陀所指示，亦即持戒，且於僧團中修行。亦即佛教是以佛陀為其理想中心，信其人而以趨進信（saddhā）與行（caraṇa）為道。此道並非只是佛弟子於現實的教團修行所修之道，而是三世一切諸佛同行，同證佛果之道。作為現在的師主的佛陀之道，即是過去到達正覺的諸佛之道，從而又是將來的諸佛與一切眾生所履之道，亦即三世貫通，遍及一切眾生的同一菩提的同一乘。

在思想的內容上，佛教與奧義書哲學或敘事詩所述並無太大差異，但佛教的信行大道有其大目標，尤其大為發揮佛陀人格的信仰，因此，在印度宗教上乃至世界宗教史上得以綻放異彩。此下且就佛教以前關於道的信念略作觀察。

吠陀的宗教中，一般人民的理想是祭拜諸神，祈求獲得恩惠。因此，其信行之道主要在於恪守儀式正規（ṛta），相對於正規，亦應趨避不義不善（anṛta）。諸神之神力是得以左右人間禍福的不思議之力（pūtadakṣa），又是得以干涉大自然運行之咒力（māyā），其崇拜的動機大多是自利的，但其中也有道德之神。諸神之首領瓦魯納（Varuṇa）司管天地，洞見一切人畜之行動思想，監視道德，司掌賞罰。因此，道之正規亦非只是恪守祭儀外形的規律而已，而是維持天地秩序的大道，故我等應隨順神意而恪守之。所說的正規乃是一切行事之法規（vrata），是神人皆應遵行之正道（dhāman）。然其所說的順此大道所到達的理想尚屬幼稚，僅只到達死後生於天界，與諸神共棲而已。因此，有關道的觀念尚未脫離有形相待之境。《普拉哈瑪那》言及最上之人係行經「神徑」（deva-yāna），從月進入梵天；一般善人行經「祖徑」（pitṛ-yāna），止住於月（栴多其亞五之三，阿立哈多一之五之一六等）。此一觀念也可見於奧義書中，所述看似空想，但從中得以窺見與靈融合的希求，以及佛教聖眾俱會之信仰實萌芽於此。由此更進一步，奧義書的哲學是從觀念主義的立場探求實在，以超越差別的實在以及超越小我的大我為理想，因此，其道歸著於知見止觀與淨行道德，而此道即成為將宇宙攝受於我之中，亦即實現其實在的阿特曼之道。

> 此即是阿特曼的一切道跡（padanīyam）。恰如依足跡（pada）而尋求（家畜），依此（道德）而知一切。

而此難見之道跡乃是太古以來不變之道，一切賢人聖者皆依此道而解脫此世。雅西尼瓦魯其亞揭示此道，曰：

> 微妙之道太古已存，今顯現於我，我發見之。
>
> 諸賢者，了知梵者依此而解脫，行於高遠之天界。

此道是阿特曼之道，行於此道，而了知「我即是梵」的人，即是知梵，又能成為梵。入此不死至境者是神聖的人（brāhmaṇa），即是我等道行之理想。雅西尼瓦魯其亞的結論如次：

> 神聖的人其偉大常住，
>
> 不因於業而有所增減，
>
> 故知道者知之，
>
> 不為惡業所污。
>
> 是故，如此了知之人寂靜、克制、離樂、忍耐、止定，於己之中，見自己，見一切為己，……離惡、離欲、離污、斷疑而成為梵。此即是梵界。（普立哈多四之四之二三）

初始只是從儀式正規探求不死生天之道，趨於以觀法證悟為理想的修行道，最後則是將實行此道的知行具足（vidyā-vinaya-sampanna）的人視為梵。而依據雅西尼瓦魯其亞所說，此乃是自我發見且予以體得之。此乃佛陀出世以前，稱如是之人為印度第一賢者之所以。

雖然如此，但婆羅門的宗教中，對於能到達梵之至境的人，有其種姓限制，神聖的人，亦即梵，必須是種姓高貴之司祭，亦即必須是婆羅門。為此，雅西尼瓦魯其亞於揭出太古之道後，也提出「婆羅門是婆羅門之所以，不應求諸種姓，而應求諸賢者（dhīra）、寂者（muni），因此，賢者不應求諸肉體之子孫」之說（普立哈多四之四之二一～二十三）。但雅西尼瓦魯其亞並沒有明確自覺自己即是此賢者之代表，佛陀之先驅的賢者尚未完全擺脫婆羅門族之傳承。因此，《阿哈斯但帕法典》（第一篇二十三之六）揭出理想的如法隨順之人，並描繪其知德圓滿之狀態，然其所謂的如法之法是指社會傳承之法，而此一知德在婆羅門一生的四期修行中，極其必要。而進入此四期修行新生活之轉機在於婆羅門族的完成式（Saṃskāra），彼等認為此一聖式具有再生之力，但尚未從精神的發心悟道中，發見再生的大轉機。婆羅門教學的知見雖已進入觀念主義的高遠之域，然其宗教實際上仍然未脫種姓門第的觀念，從而無法完全傳播其福音。

佛陀起於此間，於內觀知見的修行中，洞見諸法實相，發揮其一切眾生之道，於此中開啟不死之門。如同佛陀自己戰勝一切欲心、一切惡德，相信佛陀，且實行與佛相同之道者，同樣也能成為勝者。佛陀了知一切，自覺為一切人天之師，而相信佛陀，尊仰佛陀為師者視其師是道跡之發見者、涅槃道之實現者，故尊仰其師為佛陀世尊。

> 一切勝智者，以說大味法，聞此為不滅，而勤修道行，彼通安穩道。（長老偈六十九偈，參照周那述懷六九三）
>
> 得無上之名，必見真實義，成就大智慧，於欲不染著。慧者當觀察，救護世間者，得賢聖道跡，是則大仙人。

對於涅槃道之嚮導者的敬仰，可說是表露無遺。如此的佛弟子所見的佛陀，是未成之道的成就者，是不知之道的啟示者，是熟知其道且嚮導眾人入其道之師主。而此道是可臻於梵之道，是可到達不死，獲得最高，導向無為，實現智慧涅槃菩提的中道，又是對於一切眾生皆暢通無礙之道，浚輸一切修行者進入涅槃寂靜海的大水道。乘此道，相信佛陀教法，持守其戒律，借用古言而言，即是到達梵天的梵天乘，是如法如實之法乘，又是征服一切惡德之調伏乘。歸依佛陀，信行兼具而到達安穩無為乃是佛教之理想。

佛教作為宗教，是以信賴佛陀為其根本。但亦不漏失印度思想的通性，亦即其信行之首要，是於智慧知解中探求，探究事物真相，於其確信之上構築信仰。為體悟人身無常及推進無我，故探究五蘊所成之理；於禪定三昧中，為令心脫離外界束縛，故揭示六根六入之性質。毋庸贅言，有關此等的考察，作為一門學問，並非人人皆得以為之，對於此等，佛陀亦無依其獨創之研究而有特別的意見或學說。雖然如此，但教法之信與戒德之實行彼此不相離，二者相輔相成，猶如兩手互洗而獲得清淨。後世佛教的教學出現學究的傾向，且另當別論，對於悟理與修行二者，佛教並無孰輕孰重的區別，此乃是顯著的事實。佛教所謂的信，在此一方面，顯然與基督教的信仰大異其趣。基督的「汝之信，能救汝」，曾令病者痊癒，反之，佛陀曾自述其成道之心理，更且指出自己成為覺者之要契在於徹見四諦之真相。因此，佛弟子或有因被佛陀感動而立即歸依佛陀的，但大多數都是聽聞佛陀說法而開悟，信奉其教示之理而修行的。雖然如此，但佛陀最常警誡其弟子切勿忘卻解脫的目的，徬徨於思慮分別之間，棄捨修行要契而專趨於論議討究，斥此為見解之荊路（diṭṭhi-gata）。佛教徒之知見在於以解脫為理想，輔以道法之修行，且隨順佛陀教法。住於正確的知見，切實的修行及體現，才是聖道要諦。佛陀曾宣說對於生老病死之真相的知見，更且稱通達其理的佛弟子為「開啟不死門者」。其言曰：

> 比丘！聖弟子生此等二種清淨純潔知見。亦即於教法之中知見，於隨順之中知見。如此的聖弟子是見解具足之人，是知

見具足之人，是到達正法之人，識見正法之人，是學習得知見之人，是學習得明智之人，是具足法流之人，是聖有透徹智慧之人，開啟不滅之門而立。

在佛教的信仰中，聞法隨順具有重要位置，據此可見。佛陀開示到達涅槃之道，弟子必須信受其所開示，且推進其道行。是故，其信可以說是對於佛陀的信賴與歸依，同時也是對於其教法確信了解。而其信仰之道是梵天乘，又是三世諸佛一切眾生的同一乘。爾後佛陀及其教法的真理兩相結合，所產生的法身佛之信仰，其淵源在此。在佛教中，對於人的信與對於法的信二者合而不離，信能度生死，智慧能淨心。因此，佛曰：

若四法具足，聖弟子預流，得不退轉法，決定向正覺。四者云何？聖弟子！於佛陀世尊置不壞之安立，於法置不壞之安立，於僧伽置不壞之安立，成就親近聖者之戒，成就不斷絕之戒。成就可到達定之戒。

具有信、戒、安立、法之知見之人，

時到而逝，得淨行人所享之安樂。

第二章　中道

修道而解脫生死乃是印度宗教普遍的理想。為實踐此一理想，佛教指出應相信佛陀，履行佛陀所行之道。而佛陀之道，正如其最初之說法，亦即初轉法輪時之所宣示，即是中道，是超越苦樂的中道，是超越有無之見解的中道，此乃是佛教一貫之理想，自其初始既已提出。

中道也是奧義書的理想，其哲學是於屏絕一切對待，於認識的主客合一之處，發見實在；至於其實行，則是於善惡、禍福、苦樂皆超越之處，自然有其無為寂靜之理想。此超越的唯心觀的一再推進，遂產生一切空的觀念，龍樹的中觀即出自於其中。雖然如此，但若就佛教的出發點而言，此中道是依其實行主義之立場而成為重要教旨。亦即在貪圖快樂安逸的凡夫的功利道德，以及意圖藉由苦行禁欲而斷絕世累的當時婆羅門行者的遁世道德兩者之間，提倡非苦非樂之信行，乃是佛教的特色。所謂的非苦非樂，並不是恬淡無為，而是意指征服苦樂之勇猛心。

佛陀於初轉法輪時，即宣示此意旨，曰：

> 世間有二事墮邊行，行道弟子捨家者，終身不當與從事。何等二？一為念在貪欲無清淨志，二為猗著身愛不能精進。是故退邊行，不得值佛道德具人。若此比丘不念貪欲著身愛行，可得受中，如來最正覺得眼得慧，從兩邊度自致泥洹。

作為得其道、履行其道的師主之言，此一教旨對於佛弟子其感化之大，足以知之。佛陀在證悟此中道之前，無論是經由何等沉思考慮，其思想又是如何得益於古來哲學，如今作為既已得之，且為化導人而宣示此中道之人，佛陀直接指出自己超越苦樂的修鍊，自己作為其道之保證，且以其絕對之教權令佛弟子皆行於此道。在中道的宣示中，佛陀並沒有作證明（何況討論），而是直接說示；不作說明，而是直接予之。作為最初說法之大序，作為佛教信行之根本，其開示中道的態度當然應是如此，佛陀於其後的說法中，也一再述及中道。佛陀的說法從積極或消極的方面，解說此中道，是為策勵誘導其聽者，而佛教徒之信，則是履踐此中道，又信受其基本的正見正法。其戒行即是中道之實現。

又為理解此宣示之力，有必要一見當時印度的生活是如何馳走於苦樂二端。追求快樂，可說是舉世皆然，但印度地處熱帶，某些人肉欲旺盛特為顯著。故佛陀在言及吾等的惡德業障時，指出四漏

（āsavā）、五障或蓋（āvaraṇn, nīvaraṇn）、七或九結（ban-dhana），而其首常置以肉欲（kāma 或 kāmacchanda），其次是懶惰（timiddha）。而如此五欲懶惰傾向強烈的熱帶國家的肉體的快樂，容易陷於濫溺淫佚，然而對於因淫樂所產生的厭倦苦惱也較其他國度深刻。佛陀本身曾經歷過歡樂的宮中生活，但一旦決心脫離，對於追求快樂之弊，佛陀本身有極其深刻的體會。對於聽者而言，從其人之口聽聞快樂之害，印象也將特為深刻，此完全得以想像。要言之，對於一般印度人的快樂主義給予打擊，正如同對於沉迷者潑灑一盆冷水，尤其從曾經貴為太子的口中聞之，其印象自然極為深刻。

相對於快樂，苦行之道也是印度古今通弊。佛陀出家修行初始，見跋伽（Bhāgava）仙人的森居苦行，自己亦親身體驗之，而後覺悟苦行無效且有害。若言及一般的苦行者，其苦行之慘狀實可驚人，而其苦行之理想實亦堪憐。奧義書曾指出為馳心於高遠之寂靜界，為超越世間之苦樂，應勵志於出家修道，然其實行對於凡愚的行者而言，只是照章行事，藉此獲得世間的尊敬而已。大敘事詩所述及的宗教道德中，富含義務與正義之觀念，更且打破得失利害之觀念，然其中所描繪的苦行卻大為脫離其理想。最上之神濕婆（Śiva）被稱為苦行之本源（tapasām yoni），彼身披木皮，住於塚間，千年單腳而立。於其林之卷（Vana-parvan）中，般達瓦（Pāṇḍava）的王子稱揚苦行，其苦行之報酬是於戰場獲得神助。亦即依苦行而獲得的，與其說是解脫，不如說是神力奇蹟。大苦行者濕婆同時又是歡樂之人（saṃhṛṣṭa），恣意於歌舞飲食，苦行林居的亞薩仙人（Vyāsa）曾侵犯婦女。苦行於解脫正覺之道有害，據此可見。但古來以此為貴，被視為是仙人之所應為。立於此間，佛陀徹見苦行無益，棄之，且於其開教之初，就喝破之。

依佛教所見，苦行者的狀態類似犬獸。是故，佛徒稱此為犬戒（kukkuravata），擯斥之，且描繪其狂態如次：

如下種種苦行，或有沙門、婆羅門，稱為沙門法、稱為婆羅門法，即：

> 離服裸形、無禮儀〔法〕（詳述有關飲食之規定）或一日一食，或二日一食，〔乃至〕七日一食，如是至半月一食，於一定間隔，從事食、飲之修行。……食生菜、食稷、食生米、食達都羅米、食鮮苔、食糠、食飯汁、食胡麻粉、食草、食牛糞、食森林之樹根、果實、自落之果實而過活。……或著純麻紗衣、或著半麻紗衣、或塚間衣、或著糞衣、或著提利達樹皮衣、或著黑羚羊皮、或著黑羚皮織之

衣、或著吉祥草衣、或著樹皮衣、或著木片衣、或人髮所織衣、或馬毛所織衣、或梟羽所織衣；或為拔鬚髮行者，即實踐拔鬚、髮；或為常立行者，即拒絕牀座；或為常蹲行者，即實行蹲踞；或為臥荊棘行者，即實行臥荊棘林；或為臥板牀行者；或臥露地行者；或為常臥一側行者；或為塵垢衣者；或為露地住者；或為隨意住者；或為食腐物者，即實踐食腐物；或為不飲水者，即實踐不飲水；或實踐一日三浴而住。

如此的苦行只是被當作定規而實行，一如現在的印度，佛陀住世時，如此的苦行者甚多，佛典中，隨處可見。對此，佛陀極力破斥，佛陀認為此舉只是苦其身體，更且指出此等行者只是拘泥於其外形，卻忘記作為根本的內心觀法。故佛陀於述說此等苦行之後，又曰：

以無數方便，苦役此身，彼戒不具足，見不具足，不能勤修，亦不廣普。

爾後，芬尼迦（Puṇṇikā）比丘尼對行水浴的婆羅門所說的「若浴水者其業罪淨，得生天上，則龜首應生天」，所說雖類似冷淡的理性主義者的順世外道，然其主要是在破斥只注重外在，毫無精神內涵的修行。

佛陀是如此破斥對於苦樂兩端的執著。至於執著於不苦不樂，耽於恬淡無為，亦屬非義。佛陀對於非時食之禁，曾說明其精神：一日一食或朝食、晝食、午後不食有利健康，是為身心壯健。是故，意圖依食得樂，此為非，然禁之，而自苦亦非。雖是樂，然有益於善法，可取之；若為不善法，則應棄之；雖是苦，然近於不善法，能滅善法，此為非，反之，則為是。不苦不樂亦同，重點不在於感覺上的苦樂，而是能否遠離放逸，自制而成就解脫。

追逐快樂，順從欲的惡德，若配屬三毒，是為貪；陷於苦的，是瞋；執著於不苦不樂的，是痴。因此，忌避苦樂，貪於安逸，亦非中道，菩提之中道是勇猛自克，超然於一切苦樂，脫其繫縛。「相應部」第三十六品被稱為「三感品」，全篇所揭即是此義。對於此三種感（vedanā，譯為受、痛、覺等）之任一皆不可執著，曰：

> 感受樂者乃是不知感（之真相）者，
> 彼乃是陷於貪欲者，不見解脫。
> 感受苦者乃是不知感者，
> 陷於忌避者不見解脫。

> 非苦非樂之狀態雖是深智者之所說，
> 然逸樂於此者，又不脫苦。

因此，雖是苦，不趨避而忍受之，不受憂愁之想所左右，此即是已脫苦者，雖修四禪，然執著其安樂，則非真安穩。洞見苦樂之無常相，不受其勢力支配者，即是於現實之中，滅欲漏者，此人又於非苦非樂見其無常之真相，不貪安逸。故曰：

> 觀樂作苦想，苦受同劍刺，於不苦不樂，修無常滅想。是則為比丘，正見成就者，寂滅安樂道，住於最後邊，永離諸煩惱，摧伏眾魔軍。

如此的超越苦樂並不是不介意、不關心，而是證知諸感覺無常，故須力行離脫之。如此的信行不只用於對於感覺（亦即受），色、想、行、識與受的五蘊，乃至一切世間人生之相皆同。生與死同樣是苦，故不期盼生，又不怖畏死。一切皆無常，故不驚懼變轉。我執是惡德根本，故對於我執之滿足並無喜悅，也不為我慢之障礙而煩憂，故超然於無我之境。如是，聖者不迷於有無之見，其實行道德之中道是與見解世界觀的中道相伴。尊者阿難代傳佛陀訓誡予大迦旃延，曰：

世人顛倒於二邊，若有若無。迦旃延！如實正觀世間集者即不生世間無見，如實正觀世間滅者則不生世間有見。世人取諸境界心便計著，迦旃延！若不受、不取、不住、不計於我。此苦生時生，滅時滅。迦旃延！於此不疑、不惑、不由於他能自知。是名正見。迦旃延！如來離於二邊說於中道。

超越苦樂的中道即是有關有無見解之中道，而此中道乃是徹見諸法實相，如實感受，則可到達不求不避，不好不嫌之道。柳綠花紅，色即是空，佛法世法一如之觀法亦由此生起，棄捨善惡二報，溶解煩惱之冰，菩提之心的歡喜信心由此生起。

信解之中道與修行之中道都出自佛陀內觀證知之教法，此二者乃是四諦之觀法與正道之力行相結合，皆是基於佛陀之所教示，信仰且奉行之，即是佛法。佛陀初轉法輪時，首先是揭示世界多苦的此一實相，而寂滅之理想與正道之力行的宣說，乃是一切苦、諸行無常之實行的世界觀之總敘，其教旨並非厭世的苦觀，而是超越理想之發端。爾來五十年，佛陀宣說勸發中道之證知與力行，最後又提出戒行之不放逸，將佛教徒世界觀的標準托於其遺法中，將修道之根本委託其滅後的教團，之後，才示現入滅。佛陀一生的感化完全是中道之教化，而止觀與力行則是其實現之方法。

第四篇

轉法輪

（佛教之根本與佛陀之弘化）

Dharma-cakra-pravartana.

（LALITA-VISTARA 梵本）

Tatra katamaṃ duḥkhaṃ? Jūtir api duḥkhaṃ, jurā api duḥkhaṃ, vyādhir api duḥkhaṃ, maraṇam api, apriya-sam-prayogo 'pi, priya-viprayogo 'pi duḥkhaṃ, yad api icchan paryeṣa mūṇo na labhate tad api duḥkhaṃ; aaṃkṣepāt paūca-upūdūna-skandhā duḥkhaṃ. Idaṃ ucyate duḥkhaṃ.

Tatra katnmo duḥkha-samudayaḥ? Yeyaṃ tṛṣṇā paunar-bhavikī nandī-rāga-sahagatā tatra abhinandinyū. Ayam ucyate duḥtha-samudayaḥ.

Tatra katamo duḥkha-nirodhaḥ? Yo 'syā eva tṛṣṇāyāḥ punarbhavikyā nandi-rāga-sahagatāyās tatra tatra abinandin-yā janikāyā nivartikāyā aśeṣo virāgo nirodho. 'yam duḥkha-niṛodhaḥ.

Tatra katamā duḥkha-nirodha-gāminī pratipat? Eṣa eva ār-ya-aṣṭaṅga-mārgaḥ; tad-yathā, samyag-dṛṣṭir......yāvat sam-yak-samādhir iti. Idam ucyate duḥkha-nirodha-gāminī pra-tipad āryasatyam iti.

Imānī, bhikṣavaś, catvāry ārya-satyāni iti' duḥkham iti me, bhikṣavaḥ, pūrvam aśruteṣu dharmeṣu yoniso manasikārād bahulīkārāj jñānam ntpannaṃ, cakṣur utpannaṃ, vidyā utpan-nā, bhūrir utpannā, medhā ntpannā, prajñā utpannā, ālokaḥ prādurbhūtah.

第一章　四諦、實相與理想

佛陀屏絕難以斷絕的愛著，斷除容易陷入的世累，經過數年的修行求道歲月。彼之所求，是處於此生老病死且無常流轉的人生，如何獲得不受此變化生滅障礙之安立。彼出家之動機，是厭此世相之多憂愁悲痛而意圖脫之，經由修鍊沉思之後，其所到達的是，雖生於變易之世，然心不為此變易所驚，不為喜憂左右的境地。一切世相映於彼煩惱滅盡之淨眼中，所呈現的是，洞徹無礙之如實相，彼並非厭世之人，而是救世之人。依如實之知見、如實之修行，彼成為一切眾生之典範，成為師表，依此與眾人共修同一清淨之道，意圖於生滅之世界構築同一的安穩無畏之城。乘此如實之道，如同一切佛陀，到達如實的解脫知見的如逝、如來（Tathā-gata），又是為一切眾生揭示此道，親自示現其理想涅槃的如來（Tathā- āgata）。四諦的轉法輪即是此如來最初之告白，又是根本之告勅。

於伽耶（Gayā）城南一寒村的菩提樹下大悟，證得自己是世法之勝者、一切知者之大覺的佛陀，離開其靜觀思惟之座而步向宣教化導之道。彼首先是為最初邂逅的異教徒優波迦（Upaka）宣示此大覺。然異學小智的優波迦聞佛所說，唯抱奇異之感，以輕蔑之念待之，法不入其耳，兩人遂分道揚鑣，彼向南行，佛陀向北行。度過殑伽（Gāṅgā）河，佛陀前往婆羅捺斯（Bārāṇasī）。婆羅捺斯乃印度宗教第一靈地，靈場神殿連甍，高聳於恆河岸邊，全國的智者、道者皆來集於此，修行或禮神。據此可以想見佛陀離開同樣是靈地的伽耶，前往遙遠的神聖之地、印度宗教神都的婆羅捺斯，其心中應是有所期待。教化最大靈地的所有智者德僧，向彼等傳布其如實正道的決心，是支持彼從伽耶至此地的動力。佛陀入此靈地後，究竟逢遇何人，所作何事，今無從知之。但從彼爾後出城，前往十里之遠的鹿野苑（Miga-dāya）看來，可以想像彼只是徘徊於城內的神殿之間，並無所為。入於林苑後，彼偶然邂逅先前共同修行的憍陳如（Kondañña）等五比丘。對於佛陀先前棄捨苦行而坐於樹下之舉，彼等認為是棄捨聖道，是墮落於安逸，如今又於此處逢見其人，彼等共同約定不與之交談。然為佛陀威容所動，又設座迎之。彼等不知佛陀已得證悟，仍以姓名呼之，以友人待之。為此，佛陀告以應以「如來」稱之，又曉諭棄捨苦行並非違背聖道。作為轉法輪之序幕，此時佛之所說，特應予以注意。佛曰：

> 對於如來，勿稱其名，又勿使用朋友一語。我是聖者、如來、正覺者。汝等聽之，不滅，現前，我示之，我今將說法。

五比丘聽此言，越發為佛陀威神所懾，傾耳欲知其所說。郊外的林苑靜處，巴拉那（Baraṇā）河畔，樹蔭風涼之處，一位大覺者與五名修行者相對坐。從其口所出的第一宣言即是苦樂之中道。此中道即是開眼發智涅槃之道。若是如此，其智慧之覺悟所教為何事？佛陀是從四諦，亦即如實真相的四方面說之。曰：

> 比丘等！此是苦之真相。（曰）生苦、老苦、病苦、死苦，怨憎會苦，愛別離苦，所願不得苦，簡言之，執著五蘊是苦。
>
> 比丘等！此是苦集之真相。是轉生之因，伴隨歡樂與貪欲，生起與彼此歡樂的渴愛，即是愛欲之渴愛，生存之渴愛，更生之渴愛。
>
> 比丘等！其次是苦滅之真相。其滅是不存此渴愛，滅貪欲，此即捨心、厭離、解脫、無著。
>
> 比丘等！此是到達苦滅之道之真相。此是八聖道，即是正見、正治、正語、正業、正命、正精進、正念、正定。

> 此是苦真相，……此是苦集之真相，……此是苦滅之真相……此是到達苦滅之道之真相。……有關此等真相，不曾聞之法，我眼開，知見生、智慧生、明曉生、洞見成就。

如此的敘述，看似只是冷靜的談義、厭世觀的呈現，然此完全是佛陀內證所得，其所宣示是基於高尚的人格與不動之確信，可以想像以如此態度所作述說，對於當時的五名修行者的感化力是何等強烈。憍陳如等五人聞此說法後，立即歸依佛陀，成為其弟子並非偶然。

茲總括佛陀說法前後諸事見之，先是成道前後的奮鬪，降伏惡魔，其次於樹下捨靜觀，而後宣言「我是一切知者，一切勝者」，進而依其最初之說法感化五人，進而又有六十餘人歸依，之後，隨即派遣此等弟子前往四方，將教法傳予未聞之眾生。據此看來，相對於前後發生的諸事，鹿野苑的說法，不只是所有事件的中心點，更是對於佛教徒的信行給予準則。其世界觀並非哲學性的說明，其道行亦非倫理之講說，而是作為佛陀的告勅。佛教徒稱此說法為轉法輪，亦即轉動永遠之法，轉動不息的真理之輪，將道法傳於四方、感化三世的初發說教，說為轉法輪，並非偶然。

再就四諦所呈現的佛陀的世界觀見之，先是揭出人類所有的痛苦，進而將集（亦即原因）歸於渴愛欲望。「世間是苦」，乃是不可動搖的人生經驗，人生之喜怒哀樂得失利害皆出自於欲望。根本的欲望若滅，苦亦滅，而修行之理想在於此之滅。雖說為苦，說為苦之滅，但世界的究竟相不只是苦，人生既有苦，也有樂，佛陀對此可說是完全了解，但佛陀認為此二者皆出自於欲望，故必須不為彼等所動搖。佛陀揭出四諦，其目的並非只是厭苦而脫之，而是無論苦樂、得意失意皆應捨去，是以立於超然不動之地為目的，此依作為四諦轉法輪之序論而宣說的中道之教旨即可知之。無論厭世或樂天，都是拘泥於欲望渴愛之成敗，都是只見其中一方的見解。佛陀發見世人皆為苦樂得失所動搖，為苦所苦，得樂又不欲失去所惱，認為此即是苦之實相。此乃是醫師為治癒病人所作的症狀診斷，四諦之總體可說是其治療的實際觀察。已診斷出症狀的名醫探察疾病之因，亦指出癒後狀況，而後再施以治療。一切苦的原因在於欲望，其滅是理想，而八正道正是其對症之療法。如同今日醫學，醫方的四分法乃是當時印度通習，稱佛陀為醫王其因在此。

> 有四法成就，名曰大醫王。……一者善知病，二者善知病源，三者善知病對治，四者善知治病已當來更不動發。……如來應等正覺為大醫王，成就四德，療眾生病。

此文僅見於漢譯佛典，巴利藏不得見之，無可懷疑的，佛陀自己的覺悟亦在於此。瑜伽之註釋家亦將自家的修行對配醫家之四方而說明之。曰：

> 發生大苦之集的種子為無明，正確知之，乃是（苦）滅之因。如醫方論是由疾患、疾患因、治病、療藥等四部所成，此論亦由四部所成。亦即流轉、流轉之因、解脫、解脫之常習。

如是，四諦之教不僅只是有關苦的教法，更且指出一切世間之相、一切人生惡德之實相，以及超絕寂滅之理想。因此「增支部」第四品指出對於種種事實，如來反覆述說四諦，乃如來是如來之所以。處於世間，亦即雖處於人生而能離脫之，棄捨世間之集，實現世間之滅，成就其道的，即是如來（增支第四品二十三）。指出眾生之我見，揭出我見來處，進而揭示滅與道的佛陀乃是人天無倫比（增支第四品三十三）。色，亦即有形的一切世事能增長眾生迷執，而四諦之悟則是佛道修行之要諦（增支第四品四十一）。人生之苦以及處於此人生，由欲望貪愛所發露之漏，二者常相伴相生，苦生起漏，漏又增苦。如實證知此苦與漏之四諦而趨進梵行者既不苦他，又不自苦，安穩寂靜，得梵之體，如同佛陀（增支第四品一九八）。亦即四諦之真相並非只是作苦樂之觀的被動的悲觀。常人所謂的厭世，實是由佛陀所欲破除的我見所生，而滅此我見我執的正道修行乃是佛陀於此後的五十年所施教化要旨。受四諦教法勸發，五人相率成為佛陀弟子之後，佛陀更對此五人宣說無常及無我之理。此乃是從其他方面揭示渴愛之滅盡，可說是四諦說的自然附屬。有關其說明且留待於後文，此處僅只指出世事無常之真相與無我寂滅之理想乃是佛教一貫之信行。

第二章　法輪、梵天與諸佛

通常稱鹿野苑的四諦說法為轉法輪（Dhamma-cakka-ppavattana），因此，轉法輪似乎是指最初的說法。從路易斯戴維斯將此譯為「真理王國之建設」看來，佛陀應是認為此最初的說法，是一大事因緣之發端。雖然如此，但佛陀將此發端喻為轉法輪，於人天一切世界轉之，其來有自，並非偶然。亦即佛陀於先前所述的宣說四諦之次，又勸勉比丘等應依從此法出家修行，進而又曰：

> 比丘等！關於此等四種真相，如實知見三轉十二行而洞徹之，故於諸天、諸魔、梵天、沙門婆羅門等一切眾生及人類世界，我覺了無上等正覺。

此三轉十二行之說，乃是借用天神其輪寶能四方上下左右前後轉動的神話，用以比擬佛陀所悟之法能無礙自在地轉動，感化一切人天。佛陀自己是否採用如此神話性的譬喻，今日難以確定，但可以想像此神話所含蘊的理想，亦即自信此法乃永遠之真理，且具有感化一切眾生的大威力，是存在於佛陀的內證智界之中，因此，佛教徒屢稱此法輪為梵輪（Brahma-cakka），亦即大梵天之輪。在述及佛陀的威神時，屢屢以法輪或梵輪彰顯其力。如此的法輪之力，出自佛陀的自信以及意圖為人宣布此自信的熱情。彼具有四無所畏。縱使人天皆稱正覺者不知真理，漏盡者不脫漏，障礙之法尚未完全征服，作為真義而說之法不能臻於苦之滅，亦不畏之，安隱而無畏。

> 如來具此四無所畏，知牛王之地步，於大眾中師子吼，轉梵輪，
> （如此）自由的轉獨一之法輪，
> 憐愍一切眾生而轉（之），
> 如此人天之上首，
> 眾生敬為超越生存之人。

此外，屢屢將如來一切知的十力，以及教化眾生的五力等說為師子吼轉法輪。據此看來，對於佛教徒，轉法輪的觀念實與如來不離，是其教化力之代表。尤其依從對於最初的說法附以此一名稱，即可看出作為佛陀一代教化之根本而受尊重的程度。

神輪支配此世間的觀念不只見於佛教，耆那教也有此說，而婆

羅門教古來也已存在，例如奧義書將世界的存在比擬為梵天的白鳥乘梵輪。偈曰：

> 梵遍於一切，一切皆依此而轉，
>
> 住於世，卻不從此輪者其生命是空。

後世的佛教徒認為此法輪代表佛陀的威神而崇拜之，又認為此平等輪、不滅輪是過去諸佛傳持之法輪，隨著佛出世而出現，而此等都是出自梵輪的神話的觀念。

法輪或梵輪的觀念雖只是神話性的譬喻，然其真義中，包含佛陀宏大的自信。就其關係看來，一方面是將婆羅門教的梵天納入佛教範圍，另一方面又含蓄著諸佛一體的信仰。亦即在來的宗教所相信的梵天神輪實是佛陀的妙法輪，而此妙法又是三世一切諸佛之平等輪，如此的信仰與抱負皆於其中呈現。

※※※※※※※※※※※※※※※※※※※※※※※※※※※※※※※※※※※※※※

梵天從屬佛陀，尊敬佛陀的傳說，如同惡魔波旬的傳說，雖是佛傳中的神話，但無可懷疑的，其信仰早已存在，可以想像佛陀自己應是也抱持此念。梵天現於佛陀面前，表現敬意，聽佛說法，大小乘佛典隨處可見此一記事。其中特應注意的是，似乎佛陀成道後未久，梵天曾經指導佛陀，其指導的言說之中，包含著佛教的重大事件。第一是所謂的梵天勸請，第二是諸佛尊法的開示。

所謂的梵天勸請（Brahma-āyacana），是指佛陀於菩提樹下成道後，對於是否宣揚其所悟之法有所躊躇，此時，梵天出現，慫恿佛陀發揚其法。梵天曰：

> 先此摩竭界，常說雜穢法。願開甘露門，為演純淨義！自我在梵宮，皆見古佛說，惟願今普眼，亦敷法堂教！眾生沒憂惱，不離生老死，然多樂善者，願說戰勝法。

接受此勸請，佛陀以其慈眼見此世界，如同池中諸花，大蓮小蓮或出於水上，或在水中，眾生利鈍，化益難易非一，但佛陀下定決心，開啟其不滅之門，給予眾生法益。此段記事雖欲以佛與梵天的對話呈現佛陀心中的思慮，但此中其實包含最高神梵天也希求佛陀傳道之信仰，也呈現出相對於波旬的防礙佛陀，梵天則是予以護持的。亦即無師自覺的佛陀其內證之智慧並非偶發，並非孤獨的，而是其法乃是永遠之法，其所轉之法輪是三世普遍的梵輪。梵天之勸請不只是轉法輪的預備，且與佛陀內心的自覺緊密相連。因此，於梵天勸請之次，有諸佛一乘之開示乃是必然。

巴利的「相應部」中，諸佛尊法（Gārava）是置於梵天勸請之後，而漢譯「雜阿含」，則是梵天部之第一經。

佛陀成道後不久，曾在尼連禪河畔的菩提樹下靜坐思惟：

> 我今成就戒行、三昧、智慧解脫、解脫知見等諸事。人天一切世間之中，若有成就此等諸勝事者，我將恭敬尊重之，奉事之。然今無有其人，故我恭敬尊重我所覺悟之法，奉事之。

此時，梵天王忽然現於佛陀之側，告曰：

> 誠然，世尊、善逝，過去有諸正覺者世尊，彼等恭敬尊重法，將來亦出諸正覺者世尊，而彼等亦尊重法，奉事之。世尊今恭敬尊重法，奉事之而住，如此者，即是三世諸佛之法性。

此一對話不外於借助梵天之口，呈現佛陀對遍及三世的如實法相的信仰，然呈現此一重要之信仰，尤其提及梵天，則有其特別意義。梵天的地位爾後日漸下降，成為只是從屬於佛陀的諸神之一，但無論佛陀本身的信仰或在最初的佛教徒心中，實佔有特別重要地位，遍及三世的大法是依其開示或協贊而得以明白呈現。因此梵天的此一段話，可視為是轉法輪之基本，是特為重要的傳說。

※※※※※※※※※※※※※※※※※※※※※※※※※※※※

就諸佛尊法的開示而言，作為其必然結果，其中還包含重要觀念，亦即諸佛的成道是基於一乘不二的真諦之觀察的信仰。若依實行的方面而言，一乘道的觀念只是表現諸聖者所修之道同一，但若進而推及形而上的觀念，則包含修此同一之道而得同一佛果的聖者，其本性乃同一體。而此一乘之開示也是得自梵天協贊。漢譯「雜阿含」的二種譯本都在先前的尊法開示之後，提出此段記事，而巴利「相應部」第四十七品第十八經，是作為成道時之事而說之，該品四十三經則作為佛陀之追懷，再次提及。

佛陀成道後不久，於尼連禪河畔菩提樹下靜坐思惟：

> 茲有一乘之道，能潔淨一切眾生，屏絕憂愁，除去苦惱，呈現知見，獲得涅槃。此道是四念處之法，觀身體，觀感覺，觀心，觀諸法，至心正念，勝於世間憂苦。此即是聖賢之道，不死之道，知見涅槃之一乘道。

而梵天所作的言說是協贊佛陀的此一思惟，同時又發揚現在於此樹下思惟的沙門乃與過去諸佛步於同一道的佛陀，是三世同一體的諸佛之一員。亦即此一段對話是在呈現最高神的梵天承認此修行者是佛陀如來，此稍稍類似基督於受洗之後，天上出聲云：「此乃適合我心之子」。在巴利佛典中，梵天所言是置於揭示三世一乘的偈頌之後，但漢譯二本除此之外，又添加佛德之讚歎，最後則是轉法輪之讚歎。此作為結尾的轉法輪之讚歎乃先前所揭四無畏轉梵輪之偈，漢譯所傳之另一傳則以法輪之恭禮作為此一乘開示的結尾，據此可見法輪之觀念與諸佛同一體之信仰有所關聯。

※※※※※※※※※※※※※※※※※※※※※※※※※※※※※※※※※

如此看來，佛教的根本開顯與永遠的法輪二者彼此相關聯，此法輪之發動是基於梵天勸請，因此，梵天是佛教真理之協助者，是其傳布的後援。因此，於今世轉久遠之法輪的現前的佛陀，無論在悟道方面，或在教法方面，實與過去未來一切諸佛同體。此一信仰存在於佛陀的自覺之中，初期的佛教徒亦將此視為信仰的重要一環。開展此一信仰的大乘經典其數不少，但最明白揭示的，是《法華經》，其「方便品」所述正是揭示此一乘（Ekayāna）之道與諸種方便（upāya-kauṣalya）的關係，而其究竟目的在於揭出如來的出現出自此一乘開會之一大事因緣。今摘取「方便品」中有關法輪與梵天勸請、一乘道的論述，據此一見上來所述的關係是如何呈現於此大乘經典中：

過去無數劫，無量滅度佛，

百千萬億種，其數不可量。（七〇）

如是諸世尊，種種緣譬喻，
無數方便力，演說諸法相。（七一）
是諸世尊等，皆說一乘法，
化無量眾生，令入於佛道。（七二）
未來世諸佛，雖說百千億，
無數諸法門，其實為一乘。（一〇〇）
諸佛兩足尊，知法常無性，
佛種從緣起，是故說一乘。（一〇一）
是法住法位，世間相常住，
於道場已知，導師方便說。（一〇二）
我始坐道場，觀樹亦經行，
於三七日中，思惟如是事。（一一二）
我所得智慧，微妙最第一，眾生諸根鈍，
著樂癡所盲，如是之等類，云何而可度。（一一三）
爾時諸梵王，及諸天帝釋，護世四天王，
及大自在天，並餘諸天眾，眷屬百千萬。（一一四）
恭敬合掌禮，請我轉法輪，我即自思惟，
若但讚佛乘，眾生沒在苦，不能信是法。（一一四）
破法不信故，墜於三惡道，

我寧不說法，疾入於涅槃。（一一六）
尋念過去佛，所行方便力，
我今所得道，亦應說三乘。（一一七）
作是思惟時，十方佛皆現，
梵音慰喻我，善哉釋迦文。（一一八）
第一之導師，得是無上法，
隨諸一切佛，而用方便力。（一一九）
復作如是念，我出濁惡世，
如諸佛所說，我亦隨順行。（一二三）
思惟是事已，即趣婆羅捺，諸法寂滅相，
不可以言宣，以方便力故，為五比丘說。（一二四）
是名轉法輪，便有涅槃音，
及以阿羅漢，法僧差別名。（一二五）
從久遠劫來，讚示涅槃法，
生死苦永盡，我常如是說。（一二六）

基於梵天勸請之事實與諸佛一乘的信仰，將更深的轉法輪其由來求之於諸佛一貫的慈悲方便，據此可見。法輪既然代表如此久遠以來的佛乘之開顯，則其內容的教法也是久遠劫以來之真理，具有如此永遠之基本，因此具有教導感化一切眾生之力。法是久遠之法，然其開顯之人又是如何？此一問題即是作為《法華經》眼目的「壽量品」之題目，此處所揭的最後偈頌既已埋下伏筆。而根本佛教對於此一問題的解釋則是將之納於如來的理想之中，以備其後的開發。次章將就此稍稍述之。

第三章　如來與眾生

如是，佛陀於人間轉其久遠不退法輪，揭示如實之法，宣布一乘之道。諸天應其聲，發出喜悅之聲，四天王、三十三天乃至他化天、梵身天等皆傳此一大事，對此表現恭敬之意。此段敘述看似只是一種譬喻或神話，但自佛陀成道以來常作為其後援的大梵天及其從屬，對此轉法輪生起大欣喜乃是自然之事，對於佛教徒而言，此一事堪稱震動天地之大事。

佛陀的說法與其人格之威神相結合，感動五名聽者，彼等相次歸依此真理，成為隨從佛陀步向一乘道之弟子。彼等曰：

> 受世尊之法語勸發與教化，無塵無穢之法眼生，於……師主所說之中見法，成就法，洞見法，獲得法，斷除疑惑，棄絕思慮，成就無畏，棄捨二心。

可以說佛陀依其內證所得知見，亦即無師又無以倫比所悟得的洞見感化此等五人，令彼等開發同樣知見。如同佛陀自己雖處於老病死的世間，然已到達不老不死的無上安隱，此五人依佛陀所教示，可得同樣的無上安隱，進入不再生死之境地。因此，佛陀加上此五人成為此世界的六名聖者，亦即阿羅漢（Arahan）。

依據此段記錄，我等可以窺見佛教宏大平等之精神，而受教化的比丘開啟法眼，遂成為與佛陀相同的聖者。如同佛陀自己脫離生老病死，彼等亦脫之，且成為聖者。二者的差別是，佛陀是自己開啟知見，而弟子則是受其教示。對於佛教之信仰，此固然具有重要的意義，但就聖者所證得之道而言，實是唯一無二，是萬人皆悉平等。佛陀雖處於世間的束縛之中，但佛陀得以解脫之，而弟子亦與佛無異。因此，不只在修行道上，佛陀與弟子同一，於所獲得的結果也是相同，佛陀的慈悲心無量擴展，其歡喜與寂靜之中，含括十方世界、一切眾生，而弟子亦以此為理想而修行。無論是於四禪之中，斷一切欲漏，或四種神通力，或五分功德等，舉凡被佛教徒視為理想的，其所獲得都如同佛陀之所獲得（同上八十七～八十九頁）。由於有此平等的理想，故佛陀也將漏盡之比丘聖者稱為如來。「如來」一語原是用以指稱三界導師的佛陀，今則用於指稱一般的聖者，其因即在於理想之平等。亦即佛陀對於修行圓滿行者，曾有如次的表示：

稱如此的比丘為排閫者、度塹者、無迷者、無礙者、聖者、捲幟者、棄擔者、離脫者。……如此心解脫之比丘，即使帝釋、梵天、眾生天亦不得追跡之，（而曰：）如來之心識不可尋求。比丘等！我告汝等，現在諸法之中，如來不可追跡。

如同佛陀與過去諸佛是同一成道的如來，一切比丘行者也是同一乘之修行者，是同一果之如來。三世諸佛同一乘的信仰之中，包含一切眾生作為將來的佛陀，可成為同一如來之理想，從實際修行所得的此一理想，其中含蘊一切眾生於其本性是同一體的形而上的觀念，此正如先前所述。而此理想可以「如來」一語作為代表。

「如來」（Tathāgata）此一稱呼，是佛陀在鹿野苑為五比丘宣說大法時，首先提出的，而佛陀在入滅之前，留下最後的教誡之後，也有「此是如來最後之教誡」之說。此外，佛陀在宣布自己的悟道內容時，是採用此一稱呼，而弟子等在述及其師時，也是以如來稱之，如此看來，可知此一稱呼被用於代表無上之覺者、三界之導師的佛陀。茲各揭舉其顯著之一例如次：

佛陀曾告弟子等曰：

我不與世間諍，世間與我諍。所以者何？比丘！若如法語

> 者，不與世間諍，世間智者言有，我亦言有。云何為世間智者言有我亦言有？比丘！色無常、苦、變易法，世間智者言有，我亦言有。如是受、想、行、識，無常、苦、變易法，世間智者言有，我亦言有。世間智者言無，我亦言無，謂色是常、恒、不變易、正住者，世間智者言無，我亦言無。受、想、行、識，常、恒、不變易、正住者，世間智者言無，我亦言無。是名世間智者言無，我亦言無。比丘！有世間世間法，我亦自知自覺，為人分別、演說、顯示。世間盲無目者，不知不見，非我咎也。

此外，類此的言說甚多，然此處所揭的佛陀係以「我」自稱，又以作為如法語者，作為色受等五蘊之了悟者，不為此等世法所支配，與世無爭而宣布如實真相之人，亦即以如來自任，特為明顯。所說的如實之覺者、如實之教師，以及堂堂作師子吼，不畏世間的先覺者，此三點即是如來，而此即呈現佛陀作為如來的自信。

其次弟子在與佛陀對話時，是以「世尊」稱之，此乃表現親愛與恭敬之意。當弟子彼此對話而述及其師時，則以「如來」稱之。一般的弟子在聽聞佛陀說法之後，進而請求佛陀的大弟子給予解釋時，其大弟子為彼等廣說之後，常為彼等述說佛陀是法王之所以。

其常套語是：

> 世尊作為知而知，見而見，以眼為體，以知為體，以法為體，以梵為體之說示者，是開示義，須予不滅之法王，即是如來。

亦即此大弟子為其後進解釋佛陀的教法之外，也揭出佛陀的特性，彼等在表現對於佛陀的信仰時，是以如來稱之。因此，在面對外道而述及佛陀時，彼等必然使用「如來」此一稱呼。尊者阿那律在回答外道之問時，曾如此表示：「不可云如來死後有無，最上人之如來在此等範疇以外」。

要言之，「如來」一語，無論是佛陀自己，或是弟子等，在述及佛陀是明行具足者時，經常使用，是用以表示特別尊敬的稱呼。在稱呼過去未來諸佛時，不只稱為佛陀，也以「如來」稱之，其因也在此。若是如此，此語其義又是如何？

「如來」一語是由二語所合成，「如」是「如實」（tathā）或「如實之理」（tatha）之義；「來」（gata 或 āgata）為「行道」、「到達」之義。何者為本義，古來註釋家有各種說法，又何者為其原義，今日亦難以斷定。若視為是「到達如實之人」（tathā-gata），則其義應是「如過去一切諸佛所行而得佛果之人」，也可視為是「如諸法實相，隨順，悟得而到達之人」。若視為是「如實而來之人」，亦即「宣示如實之理者」（tathā-āgata 或 tatha-āgata），則應解為悟得諸法實相而揭予眾生之人。雖然如此，如此的異義並非意指不同的事實，都是在表述佛陀的特性，佛教徒對於此等諸義亦不作分別的使用之。此因佛陀乃是悟得四諦而修八正道之人，是隨順如實法相而到達究竟安隱之人，四諦之法可說是諸佛共同所悟，八正道以及四禪、四意斷等修行是諸佛之同一乘，因此佛陀是乘與諸佛相同之道的如來。更且佛陀並非僅以自己獲得證悟為滿足，而是為令一切眾生步於同一乘，獲得同一佛果而為世人宣布其法的人，因此是為宣示如實之理，為向世人揭示實相而來之人。彼乃是到達理想之善逝（Sugata），到彼岸者（Pāragū, Pāragata），亦即超人（Uttama-purisa），同時又是宣說教法、揭示道徑、引導眾生之法王。作為法王，自在迴轉法輪，乃是一切諸法之源泉，所以是來為吾等宣示如實之理的師主。「如實」（tathā 或 yathābhūtam）依真理而行之人，即是揭示「如實之理」（tatha 或 tathatā）之人，是實行道法而到達理想之人（gata），同時也是為道而來之人（āgata）。如來所覺悟之法是四諦，彼依此而屏絕色味五境等，行於安隱之道，止住於寂靜。因此，彼不受感覺所制，更且得以完全支配思慮，防止一切欲望於未發，而此皆是念力禪定之力，若予以擴大，則成為種種神通力。彼不為外境所動，又能自由制御內心，所以是內外諸法之主，是宣說諸法實相之法王。如此的如來之道是可通於一切眾生的理想之道，稱成道漏盡之比丘為如來，稱為四禪之行者是證得最高之法，止住於安樂等等，皆因於行如實之道者其最後皆可到達涅槃。然而就佛教的信行而言，如此的修行不只是只為個人，非僅只以自己的修行及獨善為其目的，而是為修此如實之道而成為如來，故必須以如來為師。依最高之證悟而獲得如實之道，到達無畏安隱的涅槃城，依此境而來，引導凡夫入同一乘的如來既然現於此世，則師事之，歸依之，求歸趣於彼，乃是以如來為理想者必然之道。自己以成為如來為理想，因此應歸依現前的如來。欲行如實之道者必須追循如實正覺的如來足跡，信其佛智，奉其佛誡。佛子懷此理想，因此修佛陀親自所獲得的四禪；佛陀自己遊心於四禪之境，並宣說自己的經驗，是為教導弟子亦應經驗之。

佛陀述說四禪、四意斷、五力、七覺支等自己修行的經驗獎勵弟子，其次數幾乎是無可計數。佛陀曾命令三名弟子至難提（Nandika）國的牛角（Go-siṅga）娑羅林，令彼等述說其修行之所安立。尊者阿那律曾述說自己優遊於四禪的安隱快樂的經驗，佛陀稱許之，且稱彼為「最上最完之法，成就體得聖知見者」。此外，佛陀為生聞（Jānussoṇi）梵志說明四禪之言，特應予以注意。佛陀以見林中象跡之大，可知象身之龐大的譬喻，述說佛弟子等所行之法，作為其最高之修行，且以與《牛角林經》相同文句揭示四禪，曰：

> 稱此為如來之道，是如來所依，是如來所守。如此，聖弟子決定到達（而曰：）世尊是等正覺者，世尊所說法善明，僧團能得歸趣。

將此二者互作對照，對於佛陀自己的經驗，或弟子的修行，屢屢以相同語句述說此四禪之修行，據此看來，佛教修行的理想在於此最高精神之修鍊。亦即一方面是一切人所求的安隱之境，另一方面是如來成道之道。守如來之所守，且行其道，比丘可到達與如來同等的安隱的四禪。如同佛陀依其如實的修行，到達其理想，而成為如來，比丘乘此如來之道，亦可到達同一之境。若是如此，「如來」此一稱呼主要是在彰顯佛陀的特性，然其所含蓄的理想是遍通於一切眾生。如來的如實之道並無二致，故無論佛陀或眾生都是同一的如來，又都可成為如來。「如來」一語之中，包含著如此的理想。若將此作哲學性的發展，則成諸法實相，萬法一如之觀念，成為包括的觀念主義；若將此適用於佛陀的特性，則形成諸佛一乘、生佛一如之信仰，可以產生佛陀與法一致的法身觀。

雖然如此，但佛教不是為成為哲學而發展，而是作為宗教而出現。早期的佛教徒雖以實現如來的理想為其目的，然其理想並不是求諸抽象觀念，或哲學理論，而是將現實的佛陀視為如來，以歸仰此如來為首要。眾生可成為如來，其如實之道是如來所揭示之道，彼等相信佛智，成為弟子，且如實修行。「信如來之菩提」一語屢屢出自佛陀大弟子之口，以此教導初心之修行者，每當言及佛陀的弟子時，必說為「如來聖弟子」，其因在此。此意在彰顯如來（亦即師主）的資格，佛子修行的中心標準在於此現前成就之如來。我等可成如來是理想，佛陀是已如實到達理想且以此開示眾人，引導眾人至其境的現前的如來。

作為師主的如來自己住於寂靜之境，也引導眾人入於此境，自己已度彼岸，也引導眾人至彼岸，自己證道，也為眾人揭示道。彼如其所語而行，如其所行而語，其法如實，質直，無虛，平等，無內外，無表裏。對於一切世事，如來了知其如實相，斷所應斷，成所應成，故其身得此等諸法實相，其人則是此等真理之體現。是故，對於如來而言，真理並不只是作為理論觀念而存在，而是其所實現，故其所言所說，即是彼之所行，是彼之生命。因此，彼作為生命事實之所行，絲毫與彼心內所悟不乖離，彼之真理是隨順一切如實之相，而如實如真的顯現於彼身上。如此之人與法（亦即人與真理）之一致，即如來是如來之所以。觀世相，依四諦之悟了與實行而到達無畏之境、安隱之地，此乃是如來的修行成道，而引導攝化眾生至此無畏安隱之城，則是如來能化的作用。我等尊如來為師主，一方面在於視彼乃是可履其修行成道之跡的師範，另一方面是依其能化之力、無畏力而獲得引導。是故，對於如來，《世間經》指出其法、人以及言行的一致之後，嘆曰：

> 一切世間之中，如實通達一切世間，
> 脫離一切世間，一切世間無比。
> 於一切之中，了知一切的賢者，解脫一切束縛之人，
> 到達無畏涅槃之人有最上之寂靜。
> 其人漏盡、離障礙、斷疑，
> 一切業滅盡，取滅盡而解脫。
> 彼成為世尊、佛陀，又是無上之師主，
> 於人天之世界轉梵輪。
> 歸依如此的佛陀之人天，
> 相集尊敬此大度海者。
> 彼是調御者，調御之最上，寂者，寂靜之至人，
> 解脫者，解脫之上首，度者，度脫之最優勝者。

> 眾人尊敬如此的大度海者，
> 人天之世尊無有倫比。

如來的法與人一致，如來被稱為法王、法主，又與諸法實相的觀念有密切關係。此將在後文（第八篇第六章）述之。

> 如來是聖者，是等正覺者，是未成之道的成就者，是未知之道的開示者，是未揭示之道的宣示者，是證道、通於道、熟於道之人。因此，弟子等依從其道，止住於隨順成就。此即如來等正覺者異於及勝於（一般）智慧解脫比丘之處，具有特殊作用之處。

此中所說的「道」，過去諸如來既已行之，且成就佛果，現在之佛亦依循而得之。對於以現在之佛陀為師主的弟子等而言，此至今猶不知之道，猶未成就之道，師主如來已成之，且開顯之。成就一切修行而入於四禪最高解脫之境者，其所得之道無異於佛陀，然彼等係依如來之嚮導而得以成就。因此，對於相信如來，尊為佛陀為師主的弟子而言，佛陀是如來中之如來，不只是某如來，而是此如來。若以英語表現，不是 a tathāgata，而是 the Tathāgata。

就依如實之法而言，可以說如實的行者是同樣的如來，無論作為師主的佛陀，或作為弟子之眾生，可以說是一如。雖然如此，但對於視現前的佛陀為如來者而言，我是所化，彼為能化，彼教導我，引導我，而我是相信彼的人。法性一如之說是哲學的，而信仰如來則是宗教的。因此，佛陀的宗教是以如來為如實修行之成就者而信之，以彼為如實法相之開顯者而歸依之。如來是佛道修行之理想，又是其信仰的中心。

第五篇
佛陀其人

Itivuttaka, 112.

Danto damayatāṃ seṭṭho, santo samayatāṃ isi, mutto mocayatāṃ aggo, tiṇṇo tarayatāṃ varo; iti h'etaṃ na-massanti mahantaṃ vītasāradaṃ.

Saddharma-puṇḍarika, II.

Tathāgato 'smi, ……tīrṇas tarayāmi, mukto mocayāmy, āśvasta āśvāsayāmi, parinirvṛtaḥ parinirvāpayāmi. Ahaṃ imaṃ ca lokaṃ paraṃ ca lokaṃ samyak-prajñāya ya-thābhūtaṃ prajānāmi, sarvajñaḥ, sarvadarśī. Upasaṅk-ramantu māṃ bhavaṃto, deva-manuṣyā, dharma-śrava-ṇāya. Ahaṃ mārgasya ākhyātā, mārga-darśiko, mārga-vin, mārga-śrāvako, mārga-kovidaḥ.

妙法蓮華經

我是如來，……未度者令度，未解者令解，未安者令安，未涅槃者令得涅槃。今世後世如實知之，我是一切知者，一切見者。汝等天人阿修羅眾皆應到此，為聽法故。知道者，開道者，說者。

第一章　佛陀一生的經歷及其日常生活

佛陀的自信之中，含蘊深遠的觀念，其布教是基於宏大的形而上的理想。雖然如此，但佛陀的感化力主要出自其現前的人格，其教訓勸發其弟子等的要點常在於必須確實實行。四禪的修行、七菩提分之修鍊，乃至一切戒行，佛陀皆自己確實實行，成為大眾典範，成為標幟，所以是弟子等信行之軌跡。

> 世尊自覺，為覺（菩提）而說法，自制欲，為制欲而說法……自般涅槃，為般涅槃而說法。

因此，弟子等的信仰完全在於佛陀本人，彼等的理想是如現前的師主所行，成為與世尊相同的如來。彼等留意其師主的日常生活以及對大眾的說法及教導，且予以傳承，其因在此。尤其佛陀的成道與入滅乃是聖者如來一生之大事，因此，綿密傳承此等事蹟以便一再追懷。亦即成道，乃是身為人的一名行者成為如來的重大事件，而入滅則是其人圓滿的一生之終結，又是聖者完全解脫之最後，因此，此二事件可以說是佛教信行之要事。發生於此二事之間的五十年事蹟是弘教感化的方面，其間經歷的事蹟或者佛陀的心理變遷，對於佛弟子而言，並不是有變化之歷史，而是一貫的同一事件。彼等忠實傳述發生於此間的佛陀的說法與訓誡，也傳述其遊行化導之跡。雖然如此，但所謂八萬四千法並無前後，四方遊行之跡並無相互的聯絡或配置。何等事件為先，某人的歸依與其事蹟有何等關聯等等，並非彼等之所在意。是故佛陀作為師主的一生，欠缺作為歷史或傳記所應有的材料，不只是根本的記錄，後世的傳記類也只是概略傳述此四、五十年的一生。後世天台所作的五時判教，就歷史而言，其之所述可以說極其牽強。

就此看來，所謂佛陀的傳記，對於吾等而言，幾乎是不可能存在的。雖然如此，但成道前後數年，相關的事實開展與心理歷程，其記錄的保存最為豐富，又數十年的弘法布教，佛陀給予信眾的印象被鮮明的保存及傳承下來。因此，依據出家、成道、感化與入滅等等事蹟，吾等大致上仍得以掌握佛陀一生的徑路，關於出家成道，可經由佛陀自己所作的述說而知曉；關於佛陀的為人，可經由弟子等所述與讚歎而了解，如此一來，作為重現佛陀一生的材料大抵業已足夠。據此可以概括出佛陀的一生，依其成道前後事件，得以窺見其心理上的開展，而其布教生涯時日雖長，但事件簡單，所傳的是作為師主的佛陀其感化的事蹟。

領土雖小，但作為一國儲君，其日常生活仍是榮華的，捨離其親愛之妻。突破父王所設警戒，出家而成為一名修行者，就當時的印度而言，此舉雖非稀有，但事關重大。其出家的動機，就歷史而言，吾等無法確定其外在因素，但佛陀自己曾追憶其宮殿中的五欲生活。亦即其所居是隨從冷季、夏季、雨期而調節的舒適宮殿，出則玉輿，入則侍女圍繞於身旁奏樂，事無不適意。但如此放縱五欲的生活，恰如癩病者的厭忌其病苦，因此，終究是屏絕一切恩愛，棄家而去，時齡二十九歲。對此，佛陀曾自述曰：

> 我時年少童子，清淨青髮，盛年年二十九，爾時極多樂戲，莊飾遊行。我於爾時，父母啼哭，諸親不樂，我剃除鬚髮，著袈裟衣，至信、捨家、無家、學道，護身命清淨，護口意命清淨。

相傳太子所以棄捨如此的宮中生活，成為出家行者的最近動機是所謂的四門遊觀。亦即在宮中享受榮華的太子某日出遊東城門，途中適逢一老人，齒落身僂，憑杖而行，因而思忖「人生終將有老」。他日出南門見一病人，出西門見一葬禮，太子由此更生起人生無常之想，最後出北門見一法服修行之沙門，遂認為人生的理想應在五欲生活以外。此即四門遊觀之傳說，其出處不見於最古佛典，但以悲觀人生無常作為出家動機，從當時印度一般的思想而言，又從佛陀後來的教化看來，應是極有可能。雖身處榮華的生活之中，但對於超越五欲抱持憧憬的人而言，遠離城內喧擾的市街而置身於城外天然曠野之中，心情上將起變化，此乃任何時代、任何人都經歷過的經驗。聖佛蘭西斯二十三歲時，臥床數個月，病癒後，出阿茲西西都城東門時，其心理上的感覺亦類似佛陀。走出城門一步，市井繁華即如夢般消逝，藍天白雲，日光遍照，仰觀巍峨的斯巴西峰高聳於彼方，再往前望，歐普立平原連綿無垠於眼前。立於此間，病癒的佛蘭西斯突然對於一直以來的貴公子生活產生厭倦，遂決心出家修行。此乃是距今七百年前之史實，又是一般在遭逢相同境遇時，具有相同性格的人所將產生的反應。佛陀是否真有此事發生，今已無由證明，但若就具有冥想傾向的貴公子其心情轉折之動機而言，如此的傳說，可說是最具有趣味性，且最適合實際情形。

其他天神勸誘或其子出生等等種種傳說，此處略過不述，總之，太子出家的決心日益迫切。生老病死之可厭，不生不老、不病不死的安穩，終於令彼棄捨安逸的家居，以及父母妻子之恩愛。此時的佛陀實是厭世之人。彼認為出家才能斷此煩悶，因此一心求道。聖求（Ariya-pariyesa na），亦即聖道之欣求乃是出家以後支配其六年生命的原動力。

為實行聖求，沙門行者首先必須跟從師父學習。初始的師父阿羅羅迦羅（Āḷāra Kālāma）教導心遊於無所有境的行法，其次的師父鬱陀羅（Uddaka）教導入於無量識處之行法。但佛陀發見此等皆非獲得正智解脫之正道，故辭之，遍歷於摩揭陀國內，最後抵達欝鞞羅梵志村，沿著清流，在一樹林鬱蒼之處，定住下來。無所有或無量識之境，爾後作為四禪之內容，佛陀不僅自修也教導他人，故此二者並非邪法。之所以佛陀認為此等有所不足，恐是阿羅羅迦羅與鬱陀羅將此等視為定軌，將此等視為天界之一，認為修行的果報即是生於此境。從佛陀爾後為無畏王子等述說此時的經驗看來，顯然佛陀認為無論理想如何完全，皆不可給予固定形式，不可抱持對此之欲望。佛陀以譬喻說曰：恰如濕木，如何摩擦，終不能發火，有欲望的行者無法生起正智。恰如火從乾木所發，去除一切欲望苦悶的行者始得解脫。辭別其師之後，佛陀可能是自己靜坐修行數年。此一期間，曾因斷食而失神，經旁人協助體力才得以恢復。也曾神遊於諸天，見其光明或明或滅。又曾夢見以大地為床，雪山為枕，左手浸於東海，右手浸於西海，兩腳浸於南海；或因思惟世間無常而覺察身體泯滅。此等是否完全是當時之所發生，難以斷定。

但從此等思惟內觀被當作是當時的追懷而傳述看來，此中所顯示的是，佛陀是富於沉思的，富於想像，且著重於觀法的。雖然如此，但彼並非只是如此，彼更有鞏固的意志，此從其降魔一事得以見之。

惡魔波旬（Māra Pāpimā）可以說是人類心中畏怖心、情欲、惡德等等之代表，佛陀常與此等諸魔戰鬪，且努力降伏之。佛陀成道時，波旬以變化怪象以及女色愛欲等試驗之，其後又以世間的利欲誘惑。但此等誘惑全然不奏其效，無異於鳥嘴啄潤滑如膏之白色岩石。從征服惡魔以及梵天勸請此二事看來，可以窺見此二者在佛陀心中曾經發生何等激烈的纏鬪，進而也得以窺見佛陀是如何依其忍耐與剛毅而就真棄邪。亦即如同佛陀的在家生活，雖極其歡樂，但也受煩悶所困，修行的六年之間，其心中也是經常經歷激烈的戰鬪。彼非被動的、悲觀的厭世者，而是一名勇猛的戰士。又非自始就是枯木冷灰之人，而是曾經有過一番熾熱情懷的人。沉靜如山，深遠如海，彼之人格是經歷過如此忍耐剛毅的修行而成就。將其成道之因歸於忍與思惟的佛陀其所說言語，是從此深刻經驗所迸出之訓誡。

經過如此的思惟與戰鬪，其河畔靜坐之心越發進入沉靜止定之境。如牧牛人防止其牛群越垣侵入他人田地，彼守其身靜其心。在述其經驗時，佛曰：

> 我心定，淨，無礙，去惱，得安樂，得不撓之地，住於不動。

得此心，成就四禪，得三明，最後自覺其修行完成，證得最上之覺悟。彼宣言此大覺悟，曰：「我是一切勝者，一切知者」，之後，化導五比丘，又得六十名弟子，命令彼等傳道於四方，據此看來，可知其自信之強以及覺悟之大，其不撓之精神與宏大的慈心溢於言表。

如是，樹下成道的佛陀作為正覺之師主、人天之導師而出現於此世間。鹿野苑教化之後，六十名弟子加入僧團，進而欝鞞羅河畔事火外道的迦葉（Kassappa）兄弟三人，以及舍利弗（Sāri putta）、目揵連（Moggallāna）等也成為佛陀弟子，佛陀的教團於其建立初年已擁有千餘名有為的比丘。爾後當時印度最強國的摩揭陀頻毘娑羅王（Bimbisāra）以及北方拘薩羅的波斯匿王（Pa senadi）也成為其在家弟子，此外，又有家財雄厚的長者以及婆羅門歸依，加上婦女出家，成為比丘尼，所謂四眾具足的大教團自此形成。

其後五十年間的佛陀的生活，若干外道的迫害姑且不論，可以說是平和圓滿化導的一生，就其遊行之跡見之，顯然不出於恆河中游。北發於雪山山麓舍衛城（Sāvatthi）、故鄉的迦比羅城（Kapilavatthu），南迄摩揭陀境，西起於拘睒彌（Kosambī），東至瞻波（Campā）。西方的摩偷羅（Mathnra）罕至，是否曾南訪迦陵伽（Kaliṅga），也無從確定。範圍不算太大，但此一地區乃是古今印度人口最多之地，今日約有四千萬住民。佛陀在此大國之中心留下深遠的印象，其感化傳於四方，其根基是構築於其四、五十年的行化的一生之中。

在如此平和的一生之中，佛陀幾乎是過著居無定所的遊化生活，僅只夏季雨期的三個月止住於精舍。精舍中，最為有名的，是其弘教初期，頻毘娑羅王所捐贈的王舍城迦藍陀竹林（Veḷuva na Kalandaka-nivāpa），以及舍衛城的長者須達多（Sudatta，又名給孤獨，Anāthapiṇḍika）捐贈的祇園（亦即逝多林，Jetavana），佛陀五十年的一生大半是在此二處度過雨期。其他舍衛城的東園鹿母閣（Migāramātu pasāda）、婆羅捺斯的鹿野園、毘舍利的大園（Mahāvana）與獼猴池（Kū ṭāgāra-sālā）、拘睒彌之瞿師園（Ghosita-ārāma）等，似乎也有精舍，佛陀及其佛弟子若止住於某山、某森林，都是在遊化期間。避開市中喧擾，宿於郊外苑林，晨朝出，晡時靜觀，朝食結束後，行道於市中，歸來，復止於堂內，或坐於林中，或入山直至夕晚。有時候，弟子來乞教法，有時候，接見在家信眾，或應答外道論難，此乃是佛陀的日常生活。佛弟子對於如此的生活，曾作如次之敘述：

> 爾時世尊住舍衛城給孤獨衹園。世尊晨朝著衣，執衣鉢，為乞食入舍衛城，乞食遊行迄，午時，收乞鉢，告長老阿難陀，曰：「阿難陀！今與汝共行東園鹿母樓臺，以作日中安息」。其後，夕暮從禪定出，告阿難陀曰：「阿難陀！今與汝共行東房，澡浴四肢」，東房四肢澡已，一衣而起，以乾身體。

其時，見國王之象渡東河，為此述說大象之德，又說以佛陀比擬象之偈。如此，午後入禪定，夕暮前起座，故弟子或信眾等訪問世尊多在夕暮之前。若有王侯貴人驅車前來，皆於近精舍或岩窟之前，下車馬，恭敬的來到佛前，行禮後，才進行問答。對在家弟子說法時，甚多是在如此情況宣說的。此下所揭一例，最能呈現出佛陀一天中的生活。

> 爾時世尊在釋迦種國，住彌婁離（Meṭāḷumpa）村。其時拘薩羅王波斯匿有事來此地，與大臣長作（Dīgha）共驅車於郊外。於路中見大樹茂盛，王告大臣曰：「大樹下，無有人

居，屏絕喧擾，適宜靜坐。屢於如此之所，謁見世尊，今世尊在何處？」大臣答曰：「世尊今在去此處三里（拘婁舍，krośa, kosa）釋迦種邑彌婁離，自此驅車，夕暮前，可到其地。」

如是，王於夕暮前著其村，下車入於林苑，問諸多比丘等曰：「世尊今何在，今得見世尊否。」「大王！彼精舍之門閉。靜往彼處，徐入正門，咳謦敲門，世尊將為開戶。」如是，波斯匿王交王冠、劍予大臣長作，近家，低聲敲戶。世尊開戶，王入家，王頭觸世尊足禮之。〔種種問答後，王白佛曰：〕「世尊貴種，我亦貴種，世尊年八十，我亦年八十，是故，今向世致表尊敬親愛之意。我實多事多務，今將欲離去」。「大王！請隨尊意。」如是，波斯匿王敬禮世尊離去。

此外，滿月之夜的布薩（Uposatha）大會中，弟子等之外，市民等亦皆來集，因此，佛陀常於此時為大眾說法，國王貴族等也常於此時參預法座。坐於有月光照入的大堂之內，或坐於月清的苑林之中，又有世尊為眾人說法，其景況何等令人神往。熱帶的白天暑氣盡散，清光如水，對於在此情景下聽聞說法的弟子等而言，可以說是極其難忘之印象。《滿月經》以及阿闍世王問沙門行者果報的《沙門果經》都是在月夜下宣說的。佛陀在說法時，以月光作為譬喻的，相當多，佛弟子將佛陀比擬為星中月，凡此都來自布薩大會的印象。

如此的接見信眾，或召集大眾而說法之外，午後大多在林間、山中，或巖上度過，例如毘舍利獼猴河附近的牛角（Gosiṅga）娑羅林、王舍城附近的溫泉林（Tapodārāma）或鷲峯（Gijjha kūṭa），例如那爛陀（Nālandā）附近的波婆離捺樹林（Pāvārikassa Ambavana），屢屢都作為說法訓誡場所而被傳述。遠見坐於此等林中入禪定的佛陀，弟子等自然為其威嚴所折服，故常待其出禪乞教。

> 爾時世尊在牛角娑羅林，與長老大目揵連、長老大迦葉、長老阿那律陀、長老離越哆、長老阿難等諸大弟子俱。其時日暮，長老大目揵連宴默而起，至長老大迦葉處。

〔如是五位長老相約相集，提出問題曰：〕

> 「牛角娑羅林實為美麗可愛；夜有月之明，娑羅花盛開，天香馥郁，何類比丘方能輝耀牛角娑羅林？」

〔長老各自說明及討議理想的修行者之後，舍利弗告彼等曰：〕

「然！我等詣世尊之處，詣而以此事告世尊，如世尊為我等說，如是我等即憶持其所說。」

因此，彼等於月夜林間，至世尊之前，各述其志，又乞求佛陀教示。此正類似孔子遊於沂，於野外林泉清冽之處，令弟子各述己志，印度修行者的生活風味從中了然可見。

如是的林間靜坐其場處是野外的開放場所，因此也有偶然經過而親近佛陀的人，也有不知佛陀是何許人，然受其靜坐威容感動，而與之交談的田夫野人。

一時，世尊在釋迦國迦毘羅拔兜城尼拘律樹園。爾時，世尊早晨著衣，執持衣鉢，為乞食故，入迦毘羅拔兜城。於迦毘羅拔兜城行乞，食後，由行乞而歸，為日中安息而行往大林。入大林，於香果樹（beluvaṭṭhikā）新枝葉下，為日中安息而結加趺坐。時，釋迦族但陀吧尼（執杖者）徘徊逍遙而往大林。入大林詣佛。

又爾時世尊在拘薩羅國內，住某林中。其時某貴種婆羅門徒弟等執多薪來此林。來此，見世尊結跏趺坐，儀容端正，心寂定，坐於其林中。

如是，彼等稱嘆此靜坐行者，而佛陀也為彼等宣說禪定修行之要。夜晚或是睡於精舍中，或臥於林中、巖上、墳墓、山中等任何處所，有時，也徹宵不臥的禪坐。為天子（Devapatta）、天女（Devetā）及其他幽界眾生說法，大多是在夜間靜坐之時。今揭舉一例如次：

爾時，世尊在毘舍利大林，住獼猴池側。其時波純提（Pajjuuṇā）之女拘迦那陀（Kokanadā）天女現其妙色，於深更照射大林全部，來世尊之前，白偈曰：

> 波純提之女拘迦那陀來此禮敬，
> 住毘舍利林，眾生之上首，等覺者。
> 我曾聽聞有眼者所悟之法，
> 親聞寂者、善逝所說之法。

於是佛陀為彼說法。作為此等天女或天子之問答而流傳的，大多是較為奇特的偈文，佛弟子等似乎將此類偈文視為佛陀與幽界人物所作的問答。其所傳雖非盡是事實，但據此可知佛陀常於夜間林中靜坐。

如此的夜中林間靜坐，完全是為了禪修，因此佛陀又有於一定期間，杜絕與人交涉而隱居於林間的情況。此大多發生在雨安居期間。

爾時世尊在壹奢能伽羅（Icchānaṅgala），坐於其林中，告弟子等曰：「我自此三個月，欲入禪定，此間，齎一日一食之食鉢外，任何人勿來」。如是過了三個月，結束禪定，之後，告弟子等曰：

> 若異道之徒問沙門瞿曇雨安居之間，何所為？當答云：世尊入出入息觀禪定。……出入息觀之禪定乃是聖者之所居住，梵天之所居住，如來之所居住。」

如是，明行具足的師主尚不怠於其修鍊，自修亦令他人修之。於雨安居之間，累積如此的修鍊，雨期過去，再出世教化人，此乃是佛陀一生之所行。

※※※※※※※※※※※※※※※※※※※※※※※※※※※※※※※※※※

佛陀的生活當然不只如此的隱遁生活，若有王者、貴族、長者招待供養佛陀及弟子，佛陀必答應之，前往其宮殿林苑，又曾親臨為新築的會堂落成說法。

> 爾時世尊在釋迦種國，住迦比羅城尼拘律樹園。其時，住迦

> 毘羅衛之釋迦族所新建未久之集會堂，尚未有沙門婆羅門或其他人等住於此。時，住迦毘羅衛之釋迦族等，來詣世尊住處，禮拜世尊，坐於一面。坐於一面的迦毘羅衛釋迦族等，白世尊曰：「大德！迦毘羅衛之釋迦族等所新建未久之集會堂，尚無沙門婆羅門或其他人等進住者。大德！世尊請先住用。世尊先用之後，住迦毘羅衛之釋迦族等始當住用。住此迦毘羅衛之釋迦族，乃為長時之利益安樂。」世尊默然承諾。時，住迦毘羅衛之釋迦族等，知世尊已承諾，乃從座起，禮拜世尊，行右繞禮，赴新集會堂。於集會堂之一面展敷鋪具，設座席，備水甕，挑油燈，之後，來詣世尊住處，如是白言：「大德！集合堂之一面已展敷鋪具，設座席，備水甕，挑油燈，今正是時，請受住用。」於是，世尊著內衣，持衣、鉢，與比丘眾同赴新集會堂。洗兩足已，入集會堂，背依中央立柱，面東而坐。

隨後，比丘等及迦毘羅城人亦陸續上堂西面而坐，最後佛陀以一場說法結束此落成儀式。此外，屢屢有應此類招待之事，除了林間山中弟子之訓誡、精舍大眾的說法之外，為給予招待的施主及會眾的說法其數甚多。

此外，進入疫癘流行之地，慰撫畏懼之人民，聽聞山賊迫害良民，亦入其巢窟教化之，戰爭發生之際，進入戰區為彼等仲裁等等，在危險之中，傳其慈悲之教也不少見。對於失去近親而悲嘆者，令悟無常之理，令彼等於不幸悲愁之中，生起求法之心；教化驕橫不馴之妻，令彼成為貞順女，凡此，皆是佛陀並非只過世外人生活之明證。但佛陀不參預婚冠喪葬的儀式乃是顯著之事實，可能佛陀認為此無益於解脫修行。若有供以諸多犧牲祭神者，佛陀則予以呵叱；對於燃火行事者，佛陀教導應轉此有形火之禮拜而行德行的禮拜。

如是，佛陀五十年的化導對於民眾之心實給予深遠印象，其信者慕之如父。佛弟子表達其敬慕讚歎之情者甚多，例如黎師達多（Isidatta）兄弟慕佛陀遊化之跡曰：

> 我等世尊聽聞去舍衛城，拘薩羅（Kosalā）國內出遊行化，生起「世尊今已遠行」之憂，聽聞從拘薩羅至〔迦戶（Kāsī），從迦尸〕至摩羅（Mallā），至跋耆（Vajji），至摩揭陀（Magadhā），至修摩（?Sumā），至分陀羅（?Andhrā），至迦陵伽（Kaliṅgā），我等亦心憂。反之，聽聞世尊〔從迦陵伽漸次回歸〕，從摩揭陀向拘薩羅，我等則心喜「世尊已近於我等」。

弟子等以此心仰慕其師主，而師主則是「為多人幸，為多人安樂，為憐愍世間，為人天之利益幸福，安樂」而遊化四方。師弟之情實是可掬，又佛陀平和且多為的一生，於此一語全然呈現。

佛陀率其千百弟子而遊化至某地時，人人聽聞其來，迎入村莊，又其四近之行者、知者、貧者為接受其教化，亦爭先來集。聽聞率數百弟子的人天師主抵達於一城一村附近，村內老少欲見此名聲顯赫的釋迦族出家行者，皆來集於彼止住之林苑，於聽聞彼既有威儀又富於慈愛的說法之後，群起歸依的盛況，直至今日仍得以想見。若所遊化之地信眾眾多，彼等於相率迎接佛陀一行之外，更各各於林中造爐擄釜，爭先以飯食供養世尊。

※※※※※※※※※※※※※※※※※※※※※※※※※※※※※※

如是，五十年如一日，以教化眾生為日常生活的佛陀，於其晚年，聖弟子呈現俊秀濟濟之美，在家信眾無貧富之別，四方普洽，皆尊此沙門行者為法主法王。每月的滿月布薩之日，弟子信眾雲集在世尊之前，或於精舍，或於林中，聞其說法，如此的景況何等感人！佛陀自知即將入滅，因此在布薩大會中，向大眾宣布被稱為智慧之上首的舍利弗將是法王之相續者，聽聞此一消息，預會大眾無不讚歎之：

爾時，世尊與五百比丘眾共住舍衛城東園鹿子母講堂，皆是阿羅漢。其時，是布薩自恣之日，世尊為比丘眾所圍繞，坐於露地。時，世尊默然，環視比丘眾，言諸比丘：「諸比丘！我今自恣。汝等對我身語，有否云何非難耶？」如是言已。尊者舍利弗即從座起，一肩著衣，合掌禮世尊，以此白曰：「否也！世尊。我等於世尊身上，不見有可非議者。世尊！世尊令未生之道生，令知未知之道，說未說之法。是道之知者，道之了者，道之巧者。今弟子等順從道，而後能具有道者。世尊！我亦向世尊自恣。世尊！我之身語，有否云何可非難耶？」

「否也。舍利弗！我對汝之身語，亦無何可非難。舍利弗！汝是賢者、大智者、廣智者、捷智者、銳智者，貫通智者。舍利弗！猶如轉輪王長子，以正轉父王所轉車輪。舍利弗！如是汝正轉我所轉無上法輪。」

「世尊！若於我身語，皆無可非難者，此五百比丘眾之身語，尚有何可予非難耶？」

「舍利弗！此五百比丘之身語，我無可非難。舍利弗！此五百比丘中，有六十比丘是三明者，六十比丘是六通者，六十比丘是俱解脫者，其他是慧解脫者。」

其時長老婆耆娑（Vaṅgīsa）偏袒一肩，合掌對世尊曰：「世尊！我欲說偈，善逝！我欲說偈」。「婆耆娑，聽汝說偈。」婆耆娑面對世尊而宣偈曰：

今乃十五夜，為眾之清淨，五百比丘集，無污斷結縛，
無後有聖者，猶如轉輪王，大臣等圍繞，譬如限大海，
惠徧此大地，如是戰勝者，無上商隊主，三明滅死魔，
弟子等敬禮，此等世尊子，於此不曾弄，無用之辯者，
拔去渴愛箭，敬禮日種佛。

如是，在大眾之前，舍利弗被指定為佛陀長子、法輪之相續者。但此大弟子卻因染病而較世尊先走一步。此外，諸如目揵連、阿濕婆誓（Assaji），以及虔誠的在家信眾的給孤獨，乃至諸多弟子等都先於佛陀過世，對於此等，佛陀都曾經一一臨其病床，隨機教化。而此等諸人之中，頻毘娑羅之死最是不幸。通常相傳其亡於佛陀入滅前八年，是被其子阿闍世（Ajātasattu）所殺害。雖然阿闍世王即位後，其宰相等還是佛陀的信眾，但如同佛陀的堂弟提婆達多（Devadatta），阿闍世王也是耆那教徒，提婆達多曾以種種手段迫害佛陀。對於任何人皆持溫和態度的佛陀，曾以「芭蕉生果則枯，驢馬生子必死」比喻提婆達多自誇聲名的行徑。佛陀甚至明言提婆

達多死後將墮地獄。

此外，耆那教徒對佛陀抱持敵意者甚多，但受彼等教唆，曾經測試佛陀對提婆達多持何等態度的無畏（Abhaya）王子也歸依佛陀，成為虔誠的信徒。而阿闍世也曾聽其大臣耆婆（Jīva）所勸，於某月明之夜拜訪佛陀，聽聞修行佛道將得何等妙果之後，自此發心歸依佛陀，並懺悔己罪，請求赦免。但開啟此王改教歸依的因緣，實是摩揭陀國與拘薩羅國兩國先前曾經交戰，阿闍世王為波斯匿王所擒，佛陀前去調停說法之後，彼此才握手言和。

如是，籠罩在佛陀身邊的雲霧盡皆消散，中印度諸國之間又見和平，佛陀的感化也日漸興隆。此時的佛陀已有八十高齡，大師主於此前的數個月，一再留下其滅後的訓誡。《涅槃經》（亦即《遺教經》）所述，即始自此時，此與最初的鹿苑說法，可以說是佛陀五十年教化的開始與終結。

佛陀雖年垂八十，猶不怠於教化，夏季雨期時，先是離開王舍城往北行。王舍城鷲峯山中的最後說法，是佛陀為大臣雨勢（Vassakāra）指出該國即將與之開戰的北方跋耆（Vajjī）族擁有堅強的團結力，藉以止息兩國即將發生的戰事。之後，佛陀一度回到竹林精舍，由此北上，出殑伽河。王舍城士民為佛陀送行，而大臣雨勢亦來請求佛陀應允國王將河畔的波吒釐子（Pāṭaliputta）城門及城門前的渡口附以世尊之名。佛陀給予此城門為「瞿曇門」之名，又為此都城給予祝福。被佛陀祝福為受諸天擁護的波吒釐子城，爾後作為阿育大王的都城，成為佛教傳布於四方海外之根據地。

佛陀率領諸弟子等渡河，進入北方的毘舍利，在此地教化娼婦菴婆波利（Ambāpali gaṇikā）。此娼婦所捐贈之捺樹林，可說是佛陀一生最後一次接受的捐贈。時近雨期，佛陀一行原先有意在毘舍利結夏安居，但適逢該地發生飢荒，眾多比丘難以聚居一處，故佛陀令其他弟子隨宜尋求宿處，而自己則偕阿難陀止住於城北小丘上的竹芳（Beḷnva）村。佛陀的得病是定居在此村之間，佛陀自知即將於三個月後入滅，故首先給予阿難陀遺訓，其遺訓中指出弟子應為己之燈明，應勤加修行。給予阿難陀訓誡之外，雖然身體不適，但佛陀仍屢屢於毘舍利附近的精舍、寺塔、村落等諸處，召集大眾，為彼等說法。

在毘舍利度過此次的雨期，之後，佛陀再度步上其遊化路程，由此進入北方的波婆（Pāvā）村，在此地接受金匠淳陀（Cnnda）供養。淳陀特為供養的栴檀樹耳（sūkara-maddava）刺激佛陀病勢，在前往西北拘尸城（Kusinagara）的途中，佛陀察覺其背部出現劇痛（巴利所傳佛陀是感染赤痢，lohita-pukkhadikā）。為此，佛陀在路傍敷布靜坐，時有商人福貴（Pukusa）路過該地，受佛教化，遂以金袍供佛。佛陀坐此金袍進入於禪定，其身體所發出的光芒，連金袍亦失其色。其後，佛陀與諸弟子至拘尸城外的祁連禪跋提（Hiraññavatiī）西岸，在娑羅樹雙樹下，鋪床，面北，右脇而臥，靜待命終。此時，樹林散其非時之華，天樂紛紛入耳。如是，見世尊命終將近，阿難陀召集城中末羅（Malla）族人，一一於佛前，向佛告別。其中，婆羅門行者須跋達（Suba ddba）特向佛乞請教訓，佛陀告以修八正道可得聖果，此年老行者可說是佛陀一生中，最後一位的改教歸依者。

與拘尸城人訣別後，佛陀又訓誡弟子等，告以若修佛法，則解脫無虞，最後又曰：

成者皆將滅去，切勿放逸，應勤修。此乃如來最後之所言。

如是，大聖進入四禪而入滅。其時大地震動，諸天奏其哀悼之偈。大聖遺骸被迎入拘尸城中，安置於寶冠寺（Makuṭa-bandhaua-celiya）內七日，待大迦葉來到之後，才火化荼毘。爾後摩揭陀及釋迦族人等各取佛遺骨建塔納之，其寶塔於二千餘年後的今日逐漸出土，古時尊敬追慕佛陀之跡，從此等寶塔彰然可見。

第二章　佛陀的教化及說法

佛陀直至其成道之前，其內心一再有劇烈的煩悶與戰鬪。但經過如此的戰鬪後，佛陀的性格趨於圓滿的平靜，獲得不動之止定，其內心屏絕一切動搖或疑惑之外，對於他人也極其親切與溫和。佛入滅之前所宣言的「我所說法無內外之別」，或如弟子等所指出的「如來如其所言而行，如其所行而言」，都是此裡外相應的結果。亦即內心安穩若發表於外，則成為適切之說法、懇篤之教化，之所以有如此廣大深遠之感化，不外於佛陀具有如此圓熟的人格。

佛陀對於任何人幾乎不曾以叱責的態度對待。在矯正弟子的非法行為時，雖含有譴責之意，但並非從正面給予抨擊，而是徐徐地施予教誨，令悟其非；在與外道論難時，自始至終不曾否定對方的立場，而是先聆聽對方所言，而後才揭示己見。佛陀的覺悟以及與覺悟相應的教化，可以用佛陀所說的一句「我不與世間諍」總括之。

首先揭出數則佛與外道的論議如次。

佛陀在王舍城時，異道行者舍羅浮（Sarabha）曾揚言：「釋子沙門之教法戒律，我悉知，知而捨之」。佛弟子等聞之，乞食遊行歸來，告知佛陀，其時，佛陀默而不答。直至夕暮，佛陀至其所，告舍羅浮曰：「舍羅浮！汝確實如是語耶？云：『我知沙門釋迦子等之法。復次，我知沙門釋迦子等之法已，而後去其法律者。』」如是語時，舍羅浮偏歷者即默然。再次，世尊告舍羅浮偏歷者曰：「且說！舍羅浮！何者是汝所知沙門釋迦子之法？若汝有不足之處，我當補滿〔之〕，然而，若汝無所缺，我將為〔其〕隨喜。」舍羅浮偏歷者三度亦默然。佛陀見舍羅浮偏歷者默然、悄然、垂頸、伏面、沉想、無回答，遂為其他行者施予教化，彼等皆棄捨舍羅浮而歸依佛陀。

不施以叱責，不予以駁倒，而是懇切地予以教誡，如慈父待子的態度，從其言說，迄今猶得以想像。

給予對手立足之地，不否定對方所行所說而徐徐施以感化，乃佛陀施行教化時的顯著事實。基督所說的「我非為廢法律而來，是為成就而來」，也可適用於佛陀。佛陀曾在王舍城附近，面對諸多婆羅門各自提出其所謂婆羅門的真理。聽聞彼等所說之後，佛陀徐徐說曰：

> 婆羅門曰：一切眾生皆由無明，婆羅門謂此言說為真理，無虛偽。……我亦通達此真理，憐念憐愍眾生而實行之。
>
> 婆羅門曰：一切愛欲，一切生存是苦，是無常變易之法，婆羅門謂此言說為真理，非虛偽。……我亦通達此真理，為滅盡愛欲，為滅盡生存，為離欲，為寂滅而實行之。
>
> 婆羅門曰：我無所屬，又無所有，又於任何處所，任何場合，無我所，婆羅門謂此言說為真理，無虛偽。……我亦通達此真理，步於無所有之道。

據此看來，可知佛陀先是容許對手所言，再以首肯之形式，指出當時一般印度思想中的共通思想，並且表示對於此等婆羅門所謂的真理，佛陀本人也是予以認同。但佛陀意圖告知彼等的是，此等不只是口頭所說的真理，而是應確實實行此等真理，無論是自己的修行，或濟度眾生時，皆應確實應用及實現此等真理。對於當時的思想界，佛陀是以如此的態度力勸應棄捨無益之論議，應改為實際的修行。因此，對於當時印度所行的各種儀式祭禮，佛陀並不是不分青紅皂白的予以非難或排斥，而是徐徐的誘導其行者，令彼等從僅只重視形式之後，進而探討其真精神，最後進入佛道之修行。例如對於以諸多犧牲進行其祭事的，佛陀指出殺害動物之非，勸誡勿行邪祀；對於行水浴的行者，佛陀指出水並不足以淨其罪，此等是從正面指出其行事之非，但佛陀進而又指出不殺才是正確的祭祀，指出淨身之前應先淨心。類此的教誨之中，最為顯著的是《善生經》中的六方禮拜之訓誨。

王舍城有一長者於其臨死之前遺訓其子，每朝應行水浴，並禮拜四方上下等六方。其子奉父遺誡，日日行此六方禮拜，然僅只作為形式而行之，且期待獲得利福之報。佛陀為彼所說的教誨，可說是極其親切丁寧。佛陀指出淫酒、博奕、放蕩、伎樂、惡友、懶惰等六惡德的六種損失，又指出其他世俗生活所應注意的各種事項，最後對於禮拜六方之事，提出應以精神上之意義行之。

> 禮拜東方應思禮拜父母。子應孝養父母，恭順父母，而父母亦應有令子離惡之慈愛。此即父母之禮拜。
>
> 禮拜南方應思禮拜師長。弟子應尊重師長不忘其所教，而師長應教導教誨弟子不倦。此即是師長之禮拜。
>
> 禮拜西方應思禮拜妻。對於妻子，夫應守禮，委託家事，妻對夫則應敬順。此即是夫妻之禮拜。
>
> 禮拜北方應思禮拜親族。親族應互相防止失墮，斷絕恐怖，互相勸誨獎勵。此即是親族之禮拜。

> 禮拜下方應思禮拜僕婢。雇主對於僕婢之使役應得宜，應其必要給予醫藥，又適宜給予休暇。而僕婢對於雇主應忠實，常思雇主之利益名聲。此即是僕婢之禮拜。
>
> 禮拜上方應思禮拜行者婆羅門，信眾對於行者、婆羅門不應怠於施與，應令彼等安穩，行者對於信眾則應教誨訓導，令彼等入於善門。此即是行者婆羅門之禮拜。

如此的教誨既不破壞禮拜此一行為，但又令其意義更為深遠，可以說完全顯示佛陀親切的教導以及精確的教育方式。

佛陀是如此具有雅量以及銳利的訓誡之力。對於外道，尤其是以異見看待佛陀的人，佛陀先是聆聽對手所說，最後才指出其所說所含的矛盾，令對方不得不屈服。茲揭一例如次：

> 一時，世尊住那爛陀（Nāḷandā）之波婆離（Pāvarika）菴婆園。爾時，離繫派徒之苦行者（Tapassī）於那爛陀行乞已，食後由行乞而歸，詣波婆離菴婆園世尊處。詣已，向世尊問訊，交換友誼禮讓之語立於一面。世尊對立於一面的離繫派徒之苦行者曰：
>
> 「苦行者！有諸座，汝若願意，則坐之！」
>
> 如是言已，離繫派徒之苦行者取一卑座坐於一面。

世尊對坐於一面之離繫派徒之苦行者曰：

「苦行者，離繫若提子對惡業之成熟、發起，設施若干之業耶？」

「瞿曇！離繫若提子不常施設『業（kammaṃ āciṇṇaṃ）也，業也。』瞿曇！離繫若提子是常施設『罰（daṇḍa）也，罰也。』」

「苦行者！離繫若提子對惡業之成熟、發起，設施若干罰耶？」

「瞿曇！離繫若提子對惡業之成熟、發起，施設三罰，即：身罰、口罰、意罰也。」

「苦行者！其身罰、口罰、意罰，各異乎？」

「瞿曇！身罰、口罰、意罰為各異也。」

「苦行者！如是各異，如是特殊此等三罰中，彼離繫若提子對惡業之成熟、發起，汝施設何罰為最重罪耶？身罰耶？口罰耶？抑意罰耶？」

「瞿曇！如是各別，如是特殊之此等三罰中，離繫若提子對惡業之成熟、發起，以施設身罰為最重罪，口罰不然，意罰不然。」

「苦行者！汝云『身罰為最重罪也』耶？」

「瞿曇！言『身罰也』。」

對於離繫派徒之苦行者此一論點，世尊三次確定之。如是言已，離繫派徒苦之行者白世尊曰：

「瞿曇！然則，對惡業之成熟、發起，汝施設若干罰耶？」

世尊曰：

「苦行者！如來不常施設『罰也，罰也』。苦行者！如來是常施設『業也，業也。』」

「瞿曇！對惡業之成熟、發起，汝施設若干業耶？」

「苦行者！對惡業之成熟、發起，余施設三業，即身業、口業、意業也。」

「瞿曇！其身業、口業、意業為各異耶？」

「苦行者！其身業、口業及意業為各異也。」

「瞿曇！如是各別，如是特殊之此等三業中，對此惡業之成熟、發起，汝施設何業為最重罪耶？身業耶？口業耶？抑意業耶？」

「苦行者！如是各別，如是特殊之此等三業中，對惡業之成熟、發起，余以施設意業為最重罪也。身業不然、口業亦不然。」

「瞿曇！汝言『意業為最重罪也』耶？」

如是，離繫派徒之苦行者就此論點至第三次確定後，由座起立，詣離繫派若提子處。其時，離繫若提子正與以優波離（Upāli）為上首，諸多在家眾俱坐。離繫若提子遙見離繫派徒之苦行者前來；見已，對離繫派徒之苦行者曰：

「苦行者！汝晨早由何處來耶？」

苦行者曰：「師尊！我由沙門瞿曇處來也。」

若提子曰：「苦行者！汝與沙門瞿曇有所共論耶？」

「師尊！我與沙門瞿曇有所共論。」

若提子曰：「苦行者！汝與沙門瞿曇，就何〔事〕共論耶？」

於是，離繫派徒之苦行者將與世尊所共論盡告知若提子。居士優波離聽聞之後，對離繫若提子曰：

「善哉！善哉！師尊苦行者，實如對師之教說具正確了解之多聞弟子，如是依大德苦行者為沙門瞿曇作答也。微不足道之意罰如何與如此重大之身罰比美？然而，更恰當言之，對惡業之成熟、發起，身罰為最重罪，口罰不然、意罰亦不然，師尊！我亦去向沙門瞿曇對此論點破之。若沙門瞿曇對我如此主張，如依大德苦行者所確言者；猶如強人將長毛之羊，捉其毛能曳之，能徧曳之，能迴曳之；如是，我對沙門瞿曇，將以論對論曳之、徧曳之，迴曳之；或又如力強之釀造者，將大酒糟袋投入深池，把握其隅端而曳之，徧曳之，迴曳之，如是，我對沙門瞿曇，將以論對論曳之，徧曳之，迴曳之；或又如力強之漉酒人，把握毛篩之端，能篩除之，振篩之，迴篩之，如是，我對沙門瞿曇，將以論對論篩除之，振篩之，迴篩之；或又如六十歲象，入深蓮池，作蔴洗遊戲，如是，我思對沙門瞿曇，嬉行蔴洗遊戲。師尊！今我往，對沙門瞿曇於此論點破之。」

若提子曰：

「居士！汝宜往，向沙門瞿曇於此論點破之。」

「居士！我能向沙門瞿曇論破之，離繫派長苦行者〔得論破之〕，汝亦〔得為之〕。」

離繫派徒之苦行者白離繫若提子曰：

「師尊！我不悅居士優波離欲向沙門瞿曇論破〔之事〕，師尊！沙門瞿曇實是幻士，知誘惑術、幻化術，以誘惑外道弟子眾。」

若提子曰：

「苦行者！勿憂。居士優波離有化彼瞿曇之事。居士！汝往，向沙門瞿曇應此論點議論之，向沙門瞿曇論破之。」

如是，居士優波離由座而起，向若提子敬禮，右繞後，詣波婆離菴婆園世尊處。詣已，敬禮世尊坐於一面；居士優波離白世尊曰：

「師尊！離繫派徒之苦行者曾來此處耶？」

世尊曰：

「離繫派徒之苦行者曾來此處。」

「師尊！與離繫派徒之苦行者有何共論耶？」

「居士！余與離繫派徒之苦行者有所共論。」

優婆離曰：

「師尊！與離繫派徒之苦行者有何共論耶？」

於是，世尊將與離繫派長苦行者之所共論，盡告居士優波離，如此說已：

居士優波離白世尊曰：

「師尊！善哉！善哉！離繫派徒之苦行者，實如對師之教說具正確了解之多聞弟子，其如離繫派徒之苦行者對世尊之所答也。微不足道之意罰如何與如此重大之身罰比美？然而，更恰當言之，對惡業之成熟、發起，身罰為最重罪，口罰不然、意罰亦不然也。」

世尊曰：

「居士！汝若願住真實而論之，則我等對此宜論議也。」

「師尊！余願住真實而論之，我等在此論議之。」

「居士！汝對此作何思耶？茲有一離繫派徒，患病，苦悶，重患，拒冷水，僅受用熱水，彼得冷水將死去。居士！對彼，離繫派若提子施設於何處往生耶？」

「尊者！有名謂意著天（Manosatta）天之天界，彼往生其處，何以故？師尊！彼實為意之執著而命終也。」

「居士！居士！汝實宜思惟已而答之；汝勿前言置後，而後言置前。居士！汝前實曾言：『師尊！余願住真實而論之，我等在此論議耶？』」

「師尊！雖然世尊如是言，然此身罰對惡業之成熟、發起為最重罪，口罰不然，意罰亦不然。」

「居士！汝對其作何思耶：茲有一離繫派徒，住四種制戒（saṃvara）防護：避一切之水，以防殺生之惡。以避一切水，控制殺生之惡。以避一切水，抖落惡。以避一切水觸，達制惡。但彼於來回之際已殺害眾多小生類。居士！對此之事，離繫若提子施設何報耶？」

「師尊！非思非故意者，則離繫若提子不施設大罪。」

「居士！若彼思作則如何？」

「是大罪也，師尊！」

「居士！離繫若提子對所云思，施設於何處耶？」

「於意罰也，師尊！」

「居士！居士！汝實宜思惟已而答之，汝勿前言置後而後言置前。居士！汝前實曾言：『師尊！余願住真實而論之，我等在此論議耶？』」

「師尊！雖然世尊如是言，但是身罰對惡業之成熟、發起為最重罰，口罰不然，意罰亦不然。」

「居士！汝對其作何思耶？此那爛陀城富裕豐樂，人民眾多耶？」

「如是，師尊！此那爛陀城富裕豐樂，人民眾多。」

「居士！汝對其作何思耶？於此有人拔劍來曰：『余將此那爛陀城之生類等，於一剎那、一瞬間，悉作成一肉聚，一肉山。』居士！汝對其作何思耶？彼人，將此那爛陀城之生類等，於一剎那、一瞬間，得能悉作成一肉聚，一肉山耶？」

「師尊！縱令十人、二十人、三十人、四十人，或五十人，亦不能將此那爛陀城之生類等作成一肉聚、一肉山，何況一惡人豈能作之耶？」

「居士！汝對其作何思耶？於此，有神通力、得自在之沙門或婆羅門來曰：『余對此那爛陀城以一瞋意，將可化成灰也。』居士！汝對其作何思耶？『彼有神通力，得心自在之沙門、婆羅門對那爛陀城以一瞋意有可能化成灰耶？』」

「師尊！縱令十那爛陀城、二十那爛陀城、三十那爛陀城、四十那爛陀城，或五十那爛陀城，彼有神通力，得心自在之沙門或婆羅門，以一瞋意亦能化成灰也，何況卑劣之一那爛陀城不能作之耶？」

「居士！居士！汝實宜思惟已而答之；汝勿前言置後而後言置前。居士！汝前實曾言：『師尊！余願住真實而論之，我等在此論議耶？』」

「師尊！雖然世尊如是言，但是此身罰為對惡業之成熟、發起為最重罪，口罰不然，意罰亦不然。」

「居士！汝對其作何思耶？汝聞單達迦閑林、迦鄰伽閑林、迷耆閑林、摩但迦閑林為閑林，為真實之閑林耶？」

「然也，師尊！余聞：『單達迦閑林、迦鄰伽閑林、迷耆閑林、摩但迦閑林為閑林，為真實之閑林也。』」

「居士！汝對其作何思耶？汝未曾聞：『因於某人單達迦閑林、迦鄰伽閑林、迷奢閑林、摩但迦閑林為閑林，為真實之閑林』耶？」

「師尊！余曾聞：『以諸大仙之瞋意，其單達迦閑林、迦鄰伽閑林、迷奢閑林、摩但迦閑林成為閑林，成為真實之閑林也。』」

如是，居士語窮之後，佛陀徐徐為彼說戒行解脫之法，居士之心如污衣濯於水，漸次淨化，終於歸依佛陀。在此一場論辯中，佛陀一方面引用現前事例，指出意行之重，另一方面，又引用生天或令森林成為空野的一般傳說，亦即尼揵無法否定之事指出彼所言之矛盾。

對於未信者的教化，佛陀是論議與訓誡並用，先是順應對方的性格與態度，進而因應當時的情況，故甚得變化之妙。異於基督的示現令人病癒等奇蹟，除了若干類似因奇蹟而令人改信的事蹟之外，佛陀一生的教化之中，奇蹟不曾出現。兇賊鴦倶利摩羅（Aṅgulimāla）被佛陀感化，是因於彼無論如何追趕佛陀，總是無法追上。彼云：「佛陀！止步」，佛陀曰：「我已止步」，仍是不能追上，為此心驚，遂願聞其說法。此事確實類似奇蹟，似乎佛陀以其神力令兇賊不得靠近，然彼受感化並非只是因於此一奇蹟。又佛陀亦不視此為奇蹟，兇賊之心因於惡念，故動搖不止，反之，聖者之心因屏絕害惡，故得以不動，因此彼無法抓住聖者，此不思議仍出自於精神狀態。

佛陀一生的教化中，可以說為奇蹟的，恐是唯有一件，亦即令在伽耶附近修行的迦葉兄弟三人改教之事。佛陀當時宿於迦葉之石室，為三迦葉示現調馴室中大惡龍，收之於鉢中，又取來他方世界之果實粳米及天界之花，又能自由左右揮動其弟子等的伐木之斧，止熄彼等所燃之火又令再燃等等奇蹟。雖然如此，但三迦葉的改教，仍在於在示現此等奇蹟之後，佛陀指出世間四苦如火燃，心中的貪欲之火熾熱，故應停止行此祭火之事，應滅此等苦痛貪欲之火。

因此，佛教將此等奇蹟稱為示現（paṭihāriya），認為佛陀有三種示現。亦即奇蹟神通（iddhi）、他心觀察（ādesana）與教訓勸誨（auusāanī）等三種，此中教訓勸誨最為重要。漢譯諸傳認為佛陀在感化迦葉時，也指出此三種示現，其後佛陀對於傷歌羅（Saṅgārava）等也揭示此事。亦即佛陀示現教化之力主要在於教訓。「我如是念，如是思，如是行，汝等亦應如是念思行」的教訓是佛陀一生教化的重點。無論對於外道，或對於弟子，佛陀的教化要旨並無差異。至於施行此教訓的方法，則有或採用示現或採用論辯的方式。因此，異道行者的歸依佛陀是出自悅服其所說真理，感謝佛陀開啟彼等昏蒙。如次所揭之言，可說是佛典中異道悅服之通用語：

> 恰如屈直蔽現，如為迷者示道，又如暗中齎光，且告以「有眼者見此形色」，如是，瞿曇以種種方式揭示法。

佛弟子或比丘指出其改教之所以，皆因於聽聞佛陀說法，體悟其理，三明生起，故云：

> 見照世（師主），禮之而坐於此，
> 彼有眼者垂慈悲為我說法。
> 聞此大仙之真理而得悟，
> 據此入無垢之法、不死之道。
> 如是，棄家而出家修行，成為悟得正法之人，
> 三明生起，佛陀之訓誡不空。

類此善生（Sujātā）比丘尼述懷之例，其數甚多，由此顯示佛陀教誨示現之力是何等強烈。此外，親見佛陀而為其威容所折服，

僅憑直覺而歸依佛的人也有，即使如此，佛陀仍為彼等漸次施以教誨，令彼等悟得真理。

※※※※※※※※※※※※※※※※※※※※※※※※※※※※

佛陀對於信眾弟子的教化，可以用「親切丁寧」一語形容之。偶爾佛陀也曾叱責弟子，但在叱責的同時，仍不忘給予循循之訓誨，令彼等從心底產生悅服。佛陀非常重視實行，因此佛陀的說法，尤其在為弟子說法時，非常注重實行。佛陀的說法是誘導勸發式的，說明與勸誡兩不相離。對於其大弟子的說法是以心傳心，對於修行更為增進者，較常以抽象的方式，組織其教義。但一般而言，當面對眾多聽眾時，通常是給予丁寧的說明，採用諸多譬喻，因此無論在教義或修行上，其聽眾都能完全領納。在與外道論辯時，佛陀是採用辯證法，對於自己的信眾，為令彼等漸次獲得證悟，佛陀也曾採用此一方式。此依如次所揭之例即可知之：

> 爾時世尊在舍衛城東園鹿子母之樓觀。其時算數梵志目揵連往詣佛所，共相問訊，卻坐一面，白曰：「瞿曇！我欲有所問，聽乃敢陳。」世尊告曰：「目揵連！恣汝所問，莫自疑難。」算數目揵連則便問曰：「瞿曇！此鹿子母堂漸次第作，轉後成訖。瞿曇！此鹿子母堂梯，初昇一隥，後二、

三、四。瞿曇！如是此鹿子母堂漸次第上。瞿曇！此御象者，亦漸次第調御成訖，謂因鉤故。瞿曇！此御馬者，亦漸次第調御成訖，謂因鞚故。瞿曇！此剎利亦漸次第至成就訖，謂因捉弓箭故。瞿曇！此諸梵志亦漸次第至成就訖，謂因學經書故。瞿曇！我等學算數，以算數存命，亦漸次第至成就訖。若有弟子，或男或，始教一一數，二、二、三、三、十、百、千、萬，次第至上。瞿曇！如是我等學算數，以算數存命，漸次第至成訖。沙門瞿曇！此法、律中，云何漸次第作至成就訖？」世尊告曰：「目揵連！若有正說漸次第作，乃至成訖。目揵連！我法、律中謂正說。所以者何？目揵連！我於此法、律漸次第作至成就訖。目揵連！若年少比丘初來學道，始入法、律者，如來先教：『比丘！汝來身護命清淨，口、意護命清淨。』目揵連！若比丘身護命清淨，口、意護命清淨者，如來復上教：『比丘！汝來觀內身如身，至觀覺、心、法如法。』目揵連！若比丘觀內身如身，至觀覺、心、法如法者，如來復上教：『比丘！汝來觀內身如身，莫念欲相應念，至觀覺、心、法如法，莫念非法相應念。』「目揵連！若比丘觀內身如身，不念欲相應念，至觀覺、心、法如法，不念非法相應念者，如來復上教：

『比丘！汝來守護諸根，常念閉塞，念欲明達，守護念心而得成就，恒起正知，若眼見色，然不受相，亦不味色，謂忿諍故，守護眼根。心中不生貪伺、憂慼、惡不善法，趣向彼故，守護眼根。如是耳、鼻、舌、身，若意知法，然不受相，亦不味法，謂忿諍故，守護意根。心中不生貪伺、憂慼、惡不善法，趣向彼故，守護意根。』「目揵連！若比丘守護諸根，常念閉塞，念欲明達，守護念心而得成就，恒起正知，若眼見色，然不受相，亦不味色，謂忿諍故，守護眼根。心中不生貪伺、憂慼、惡不善法，趣向彼故，守護眼根。如是耳、鼻、舌、身，若意知法，然不受相，亦不味法，謂忿諍故，守護意根。心中不生貪伺、憂慼、惡不善法，趣向彼故，守護意根者，如來復上教：『比丘！汝來正知出入，善觀分別，屈伸低仰，儀容庠序，善著僧伽梨及諸衣鉢，行住坐臥、眠寤語默，皆正知之。』「目揵連！若比丘正知出入，善觀分別，屈伸低仰，儀容庠序，善著僧伽梨及諸衣鉢，行住坐臥、眠寤語默，皆正知者，如來復上教：『比丘！汝來獨住遠離，在無事處，或至樹下空安靜處、山巖石室、露地穰積，或至林中，或住在塚間。汝已在無事處，或至樹下空安靜處，敷尼師檀，結加趺坐，正身正願，及念不向，斷除貪伺，心無有諍。見他財物、諸生活具，莫起貪伺，欲令我得，汝於貪伺淨除其心。如是瞋恚、睡眠、調悔、斷疑、度惑，於諸善法無有猶豫，汝於疑惑淨除其心。汝斷此五蓋、心穢、慧羸、離欲、離惡不善之法，至得第四禪成就遊。』目揵連！若比丘離欲、離惡不善之法，至得第四禪成就遊者，目揵連！如來為諸年少比丘多有所益，謂訓誨教訶。目揵連！若有比丘、長老、上尊、舊學梵行，如來復上教，謂究竟訖一切漏盡。」

出於如此用意，因此，佛陀的說法總是極其丁寧親切又自然。其所說及所有的信行方面，應時應人，縱橫自在的採用駁斥、懇諭、命令與誘導等方式。亦即：

如來知悉義，知悉法，知悉度，知悉時，又知悉會眾（亦即說法之對象）。具此五法，如來轉無上法輪。

佛陀對弟子說法的究竟目的在於令其弟子能完全的修禪，止心，到達漏盡解脫之境。之所以揭示身心成立之理或人生無常之教，無非為令其弟子證悟其理，為彼等提供解脫之資。五根之修行或八道之履行，其目的在於依此淨心，屏絕動搖，入於安穩不動之道。因此，佛陀在說法時，對於教理之述說，或修行之勸勉等雖極其常見，但大抵是略說（saṅkkhittena）而已，在細節方面，是由其大弟子再予以廣說（vittharena）。因此，其一生的說法之中，教理的說明上，少見具有光彩者，大抵是反覆的採取同一形式。反之，為令弟子重視修行而應機勸勉淨意止定時，其說法的方式則從各種方面解說同一事實，依適切事例予以勸誡、誘引，更且提出自己的經驗獎勵之，保證理想得以實現。一言以蔽之，節略抽象的教理說法，但具體的勸勉實行，可以說是佛陀說法的特色。

從回答外道詢問由五欲所生惱患，足以顯示佛陀適切的說法具有何等感動之力：

> 人各自為維持其生命而經營業務，或為書記，或為算數家，或為行政官，或為農夫，或為商人，或為牧者，各冒寒暑，為蚊蚤所苦，辛苦治其業。雖然如此，若不得富，失望苦悶；若得富，則苦心於不被奪取。一旦得之，爾後或為王所收，或為賊奪，或為火燒，或為水洗，如是，失財而悲嘆。

業務、辛苦、得失等一一事實皆揭舉於目前，進而又指出：

> 如是，追逐欲，為欲所動，王與王爭，婆羅門與婆羅門爭，

> 父與子，母與子，兄弟姊妹朋友互爭，互怒，以石相打，以杖相撲，劒戟相殺。如是追逐欲，有破約束者，有盜人財者，有奪人妻者。如是，為王者所罰，以笞鞭打，手足被縛，切耳削鼻，灌熱油，或刎首。犯一切惡行者臨死回顧其惡行，苦於其罪惡，恰如日沒西山，覆丘山之影地，為陰影所覆，為痛悔所迫而死去。而此等惡行皆以欲為本。

亦即詳述事業之外，又以對照或類例潤色其所說之主眼，給予聽者想像的材料，例如：

> 武士以勢力權威，婆羅門以祭祀生天，婦人以紛飾外見，盜賊以闇中陰蔽為理想，而沙門行者則以戒行涅槃為理想。
>
> 小兒以啼為力，婦人以嫉妬為力，國王以憍慢為力，佛陀以大慈為力。

此等即是自在的借用對照的事實，令對方了解其所說之重點。又如：

> 雲與地相距甚遠，海之彼端的日出與日沉之處亦遠。而善法與不善法較此等更遠。
>
> 不寐夜長，疲倦道長，愚生死長，莫知正法，癡意常冥。

逝如流川，在一行彊，獨而無偶。

對於抽象的道理，是以具體的方式敘述，訴諸吾等的直觀，可以看出佛陀說法的特徵是大量採用譬喻。思想雖是抽象的，然其言說卻富含譬喻，以有形之類例表現抽象之理，依眼前事物述說高遠的教法，印度哲學者雖多，但佛陀特別擅長於此。

最為簡單的譬喻，雖然只是在修辭上作形容，亦即雖只是simil，然此亦令說法具有具體性。例如稱煩惱之煩累為重擔（bhārā），形容煩惱滅盡之急迫，如燃衣（āditta-cela）、頭燃（āditta-sīsa），稱佛陀自信確實之態度如牛步（āsabha-ṭhāna），此等詞彙從印度傳入中國、日本，成為日常用語。

在形容某一事物時，若添加若干活動所形成的事例，即是譬喻（upama）。佛陀在說法時，常採用譬喻，其取材範圍甚廣，此應予以注意，從中足以窺見佛陀同情心之廣，長於觀察，又隨時能巧妙用之。就動物而言，印度最多的是象、牛、蛇、馬、野干、鷹、孔雀、龜、鼠，乃至極其微小的蟋蟀、蚊；就植物而言，蓮、捺樹最多，此外，花、果實、竹、芭蕉、麥、蔓等等皆自在的用以作為譬喻。大及於高山、岩石、大海、山湖，小至土砂、井水、泉水；日月之光乃至燭火、螢蟲之光等等，都成為說法的材料。長者、國王、賢妻、妬婦、金匠、廚師、演員、漁夫、囚犯、兵卒等所有種類的人物都活動於其金口之上。今揭舉若干例證如次。將修行者之真偽以麥與穢麥喻之，曰：

> 修行者之中，外形威儀總有似真之行者。譬如穢麥（karaṇḍava）之草。生於麥田，其葉、莖、根似麥，直至生實，才知穢麥。如是，非真之行者，其淨行實果應可識別。又如穀粒不充實者，箕風吹去，偽裝之行者以淨行淨果之箕則可排除。

又對於涅槃之證悟應觸擊心內之直接經驗，係以井水喻之，曰：

> 譬如曠原中路傍有井，傍無繩釣無瓶。某人為渴所逼，疲乏不堪，來此處，只見井水，以不觸水故，不能醫渴。同此，涅槃能滅有，如何透徹知了，若僅止於此，不可言真正漏盡之聖者。

又如以六畜比喻人心被六官引發而動搖，如此的比喻不僅適切，且具有幾分趣味，足以令人首肯。

> 某人捕獲性異、棲家異之蛇、鰐、鳥、犬、野干、猴等六種畜類、以繩繫縛於中央之柱。六種畜類各自戀其棲家。蛇欲入地中，鰐欲入水，鳥欲翔於空中，犬欲入家，野干欲行於骨場，猴欲行於森林。此等六畜各為其特性所苦，隨有力者牽之，前往其棲住。
>
> 同此，修身觀之比丘為眼所驅，追逐可愛色，厭不可愛色；為耳所驅，為鼻所驅，為舌所驅，為身所驅，為意所驅，各追其所好，厭所不好。（如是，其心常不定，六官所牽引，故不得其居所）。

基督在傳教時，常以幼童為題目。此因聖人之心如明鏡，自然而然的，喜愛兒童之天真爛熳。佛陀在說法時，也曾以兒童作為題目。

世尊告比丘羅陀（Rādha）曰：

> 染著、纏綿、渴愛色、受、想、行、識者，染著（satto）彼，又離欲此，故稱眾生（satto）。例如小童小女遊戲以砂造屋，對此生起染著、纏綿，渴愛不絕，以砂屋為樂，視此為我物。若絕其染著纏綿，絕其渴愛，以手足壞之，散之，不復弄之。如是，汝等亦應壞散色、受、想、行、識，不弄

之，實為渴愛滅盡。

類此的隨時譬喻實不可數，從前揭數例即可窺見佛陀如何喜歡及巧妙地採用譬喻。經常隨時、看情況，直接取現前事物用以說明，而譬喻與頓智兼具的，其數也不少。茲揭舉其例如次：

爾時世尊與諸多比丘眾共遊行拘薩羅國。其時世尊於遠行間見某處有燒燃之火焰。世尊告比丘等曰：

「汝等見彼火焰熾燃。被彼火而坐臥與抱女子柔軟手足坐臥何者較苦？」

「抱女子之苦甚於被火。」

「我告汝等，破戒犯惡甚於被火。破戒、不淨行之徒身死受艱苦，墮惡趣。」

佛陀曾在拘耿彌，住恒河畔。其時，見有浮木浮於水，告弟子曰：

汝等見彼浮木。浮於水漂流，不能著彼岸，不能著此岸，中洲亦不能泥著，入江亦不止，如是，人不取之，又不自腐，故彼木終將流入大海。

汝等亦如是，不迷於六境，不執著六感，不為俗人所誘，循淨行之流，終將流注浚輸入涅槃大海。

類此的譬喻中，最足以窺見佛陀機智的，是牛糞喻。一比丘曾問諸行是常住或常樂時，佛陀以指爪執牛糞曰：

> 汝只見此爪上牛糞，不見先前無污指爪忽為牛糞所污。

如是，揭示無常之外，又說明諸行無常，且是不樂。此例雖難以說為是譬喻，但若就以眼前事物揭示所意圖說明之法而言，其效力等同於譬喻。

由於經常採用譬喻，因此某些譬喻常被使用，不但佛陀自己反覆使用，其弟子等也作為常套而使用。此等譬喻遂被冠以一定名稱而流傳，其名也成為慣用語。例如與大地相較，稱其微小為爪上土（nakha-sikha）；將月之盈虧與比丘修行之進退昇降作比較，以月喻（oandupama）稱之；將得修行要諦與否喻為入森得木髓與否，稱此為木髓喻（saropa-ma）。

佛陀自修且最常推獎予弟子等的，是四禪、四念處等之修行。此修行之真味須自己亦修之，才可體會之，難以言說表述。但佛陀說法時，不僅詳述之，又將此人人能感覺的經驗，以類例譬喻表示之，令未達行果者也能想像其經驗。茲揭舉其譬喻如次：

> 恰如剃髮師於金器中放納入澡豆（nahāniyacuṇṇa），注水，

> 水合成摶，其澡豆盡濕，內外潤澤，能粘著任何物，如是，比丘於寂靜安樂，潤漬身而無所餘（初禪）。
>
> 恰如養於地泉之湖水，不受東西南北方之任何水，只又地中湧出清冷之水漬山潤澤，普遍充滿無處不周。如是，比丘於止定之安樂潤漬身而無所餘（二禪）。
>
> 恰如蓮池中，生青，或紅，或白蓮華，潛於水中，養於水，其花與根為冷水浸潤，如是，無喜之安樂潤漬身而無所餘（三禪）。
>
> 恰如人從頭至足尖，著白淨衣，其身無白衣不蔽之處，如是，比丘以清淨深徹之心蔽全身而無所餘（四禪）。

如此的譬喻是將四禪的經驗與身體的一般感覺相關聯而作表述，從中可以窺見佛陀為了將四禪的經驗傳述予尚無經驗者所用的苦心。此外，將修四無量而慈悲喜捨之心遍滿十方譬喻為靜夜高山頂所吹法螺之音遍響於空中，又如將於四無量心之中，心中淨除一切結怨恚諍，喻為以箒掃除一切不淨，也可說是具體說明內在的經驗。

※※※※※※※※※※※※※※※※※※※※※※※※※※※※※※

譬喻之外，佛陀也常用猶如謎語或將對手所說以脫胎換骨的方式呈現。例如：

> 杜青以白覆，一輻轉之車，離結觀察來，斷流不復縛。

杜青是指戒，白覆是指解脫，一輻轉是正念，車是指身體，亦即如同車輛，修行者應斷三惡之障礙，度愛欲之流，修聖者之行。又如問：「上者愈上，下者愈下，何也」，答：「愛欲從上而上，從下益下」之說，猶如謎語一般。

而換骨脫胎的戲仿則較謎語更有趣味。某一婆羅門見佛陀屢屢來乞食，佛知彼心想：「彼沙門屢屢來此」，故對彼說曰：

> 屢屢蒔種，屢屢降雨，屢屢耕作，收獲愈多。
> 有屢屢乞者，屢屢施，屢屢施則愈能生天。

類此的問答最常見於「相應部」（阿含）的偈品，但「經集」第二的《陀尼耶經》所收最美。佛陀以戲仿的方式回應陀尼耶的自我感到滿足，其對話如次：

> 陀尼耶曰：
> 我妻從順不動貪，貞淑共住有情愛，
> 不聞彼女有惡行，故我若望天降雨。

佛陀曰：

我心從順能解脫，久久徧修善調御，

而我從無一惡行，故我若望天降雨。

陀尼耶曰：

掘建堅固不動杙，文邪草製新繩絢，

乳牛等亦不能斷，故我若望天降雨。

佛陀曰：

能斷諸結如牛王，如象摧破臭蔓草，

我再不致坐母胎，故我若望天降雨。

佛陀為一般人說法時，是使用種種方法作具體說明，例如暗中齎光，「有眼者見之」之說。世尊具五知而施教化之跡，從此等的說法，亦即從所謂八萬四千法門中得以窺見。佛陀的弘化，感化世人之跡，於其遺教，歷歷可見。佛陀的教法並非只是高遠的哲理。

※※※※※※※※※※※※※※※※※※※※※※※※※※※※※※

上來所揭，是佛陀一生行跡及其日常生活的活動，尤其是生於人間，遊化於世間的佛陀一生之行狀。但如同吾等，同樣生為人（manussa-bhūta）的佛陀，不只是人間之師主，又是運轉梵輪，得梵天之身（Brahma-bhūta），體得正法，以法為身（dhamma-bhūta, dhamma-kāya）的如來。佛陀自己以具此自覺面對弟子，而弟子亦尊仰作為如來的其人，信賴其人。如佛陀自言：「見我者即見法」，師主入滅後，弟子等越發理想化其師主，視彼與法完全合而為一，追慕現身之師主，視其人為法身如來。有關此一信仰思想之發展，筆者已在《現身佛與法身佛》一書予以詳論，故此處僅只述說此一方面的佛身觀所具重要性。

第六篇

苦　諦

（世相之觀察）

Theri-gāthā, 200.

Sabbo ādīpito loko, sabbo loko paridīpito,
Sabbo pajjalito loko, sabbo loko pakampito.

Mahāvastu (vol. f. p. 33)

Sarvaṃ ādīnavaṃ lokaṃ, sarvaṃ lokaṃ ādīpitaṃ, Sarvaṃ prajvalitaṃ lokam, sarva-lokaṃ prakampitam, Acalaṃ aprakampitaṃ, sa-pṛthag-jana-sevitaṃ, Buddhā dharmaṃ deśayanti uttamārthasya prāptaye.

Anekajāti-saṃsāraṃ sandhāvissaṃ anibbisaṃ, gahakārakaṃ gavesanto, dukkhā jāti punappunaṃ.

增一阿含（昃一四二左）

（前揭偈之漢譯）

生死無數劫，流轉不可計。各各求所安，數數受苦惱。

第一章　世間多苦之實相

四諦所揭乃人生之實相與理想。佛陀直觀此人生實相，指出此中實是苦與集所成，進而依據自己所實修，揭示滅之理想以及實現之道。此四諦之法是如實的真相，無顛倒，無有異義。而觀察此實相的第一步，在於觀察生老病死此多苦的事實，苦諦是發心修行之出發點。

> 一切世間如火燒，一切世間如火燃，
> 一切世間焦熱，一切世間振蕩。

脫離此間苦惱，其急如頭燃焦眉。首先應觀察吾等最為愛著的此身。毛髮麤細，皮膚薄弱，臟腑不淨，充滿淚汗唾膿涎膽糞尿。一旦失去生命，形骸腐爛，骨肉呈青色，置於塚間，鳥啄蟲生，其相慘不忍睹。此身雖是如此不淨無常，然吾等仍愛著之。處此焦熱振盪之世間，最令人悲的，是生死的變易。生雖為人所喜，然生者皆有苦，生即是死之伊始。而此生與死之間，又有老病之悲，以及怨憎會、愛別離，又有水火王賊等災難，自他毀害之爭，刀杖惡趣之怖。而此生死非僅只一生，而是三世永劫、長夜不盡。

生死無數劫，流轉不可計，各各求所安，數數受苦惱。

佛弟子在描寫此無數的生死時，曾作種種想像。曰：大地一切草木之數不及吾等所經生死之數。吾等於此間，所遭逢父母兄弟近親之死，所流淚之量，四大海水猶不能及。若堆積吾等一劫中生生死死之白骨，毘富羅山亦不得超越。而此生死何時可盡，全然不可知。若是如此，此生須得如何才能獲得安閑。吾等無論何等好生惡死，但死期何時來到，全不可知，又無論藏於何處，死仍不可免。佛典中，隨處可見此一方面的描述，警告無常將隨時來襲。

非空非海中，非入石山間，無有地方處，脫之不受死。

此一觀想恰如預言者阿摩斯思及主所具威力，彼之震怒能上及山巔，匿於海底，即使登天或入幽府亦不能免，其力能鎔地，地將為之浮沉。死所具威力是不可抗拒的絕大之力，故吾等恐之，惡之，而人生之憂於此生起。

就此長夜生死之流轉輪迴界而言，人界居中，天界雖有快樂，然其樂盡時，悲哀將更為痛切深刻。人界之下，有現前的畜生界，在餓鬼之下的地獄，其苦惱難以描述。關於此六道，佛教所述雖大多具寓言性質，但佛教徒一般相信此乃是佛以其了知之明鏡所照，可說是歷然在目。凡夫愚人只是訴諸感覺，僅以自利之心照見事物，故不能見此流轉，但私心已滅，智慧已現的佛陀則歷歷見此諸趣輪迴，猶如指掌。地獄（Niraya）、畜生（Tiracchāna）、餓鬼（Pittivisaya）、人（Manussa）、天（Saggaloka）等五趣（Pañca-gatiyo）之說，可說是佛子真摯人生觀的一部分，其生死的多苦成為修行動機。有關此等諸趣之說明常見於佛典中，後世豐富想像的文學即萌芽於此。

處於火宅（ādittasmin āgārasmin），生死流轉，吾等卻於其中追逐快樂與幸福，但樂後必有苦，幸福不具有永續性質之所以，是因於一切諸行無常，生死之憂苦畢竟是從欲望的不能滿足所生起。因怨憎會而怒，因愛別離而愁，一切的憂愁苦惱皆出自於求不得。「欲不能滿足，故苦多，失望多，悲憂更多。」「可愛、可念、歡喜、欲相應而使人樂。云何為五？謂眼知色、耳知聲、鼻知香、舌知味、身知觸，此令王及王眷屬得安樂歡喜。摩訶男！極是欲味無復過是，所患甚多。……如是現法苦陰，因欲緣欲，以欲為本。」因此，有生存競爭，因競爭而生起失望懊惱，人人相鬪相殺。於《苦陰經》中，佛陀詳述此人生之苦。

如此的人事苦惱之外，又有天然災害及水火之變。就近世思想而言，如此的天災是大自然界的不可抗拒之力，無法避免，但佛教（以及一般的印度人）認為此等不外於吾等所造惡業所引起。之所以有惡業，不外於出自吾等因所欲不得而悲，因得所不欲而怒，起惡意，吐惡言，行惡事，故受其業報。亦即不可抗拒的自然界之災害或苦惱，若探其本，不外於出自欲求。以欲為本，故有苦樂，苦樂互相輾轉，遂成為人間之苦，人既為欲所支配，則人間之幸福亦苦。如此觀來，所說的苦諦畢竟是人間惡德之反映，外界之多苦實是欲望的結果。

第二章　人間之惡德、凡夫之種類

在佛教以及一般印度宗教的觀念中，人生是苦，不可愛，故應棄捨或超越之。現世生存的人心甚惡，能妨礙真正的智慧，因此，佛道修行者首先應斷絕一切惡德。雖然如此，但佛教以及印度宗教也認為潛藏於人心深處的佛性係適機而發動，因此，吾等遂有解脫之可能。原始佛教徒的意識中，對於佛性、迷性之區別，未如後世佛教之清楚明白，故相較於理論，對於此等之區別所作的研究或論議，係著重於實行上斷絕其凡性，開發佛性之信行。雖然如此，但對於此二者之差別，《白馬奧義書》（四十六）中，業已以「二鳥」之喻呈現，諸多奧義書相對於最上的阿特曼，已揭出眾生心（bhūtūtman）是惡生惡德之能動者。理論上，佛教對此二類不作區分，但在信行的勸發上，則以伏惡修善為標準，常詳述善惡二類之眾生，勸導應止惡修善。

惡具有終將被征服被消滅之性，善則具有應予以開發予以修習之性。異於中國哲學的性善或性惡說，佛教認為人性是善惡二性兼具，若依從佛誡，應增長其善，若背之，或迷濛不知，將永陷於無明，增長惡德，其結果是造惡業，受惡報，輪迴於生死。觸及佛教之光明與否，將是光明與闇黑的分岐點，入其闇者，即是惡德苦界之人，是煩惱障蓋之眾生。

（自忖）眾生是如此情欲，如此欲求，如此渴望消滅不意願之事而增長所意願之事。

> 如是不聞（法），不見聖者，不知聖者之法，不入於聖法，不見正士，不知正士之法，不入於正士之法之凡夫，不知應習之法……不習之法，不知應取之法……不可取之法。不知應習之法……不應習之法……不知應取之法……不應取之法，而習不應習之法，不習應習之法，取不應取之法，不取應取之法。如此之人……增長不意願之事而消滅所意願之事。

如是，所願不得，卻得所不欲，因而悲惱，不能超絕於苦樂之外，此乃是無明無知所致。後世的佛教及吠檀多派雖認為無明是宇宙迷妄之根柢，具有特別的意義，但此處所說的無明僅只意指不如實知苦樂之真相，不隨從覺者之法的無知。而此無知的結果是，由於心迷而生起惡德，此即令我等感受苦，亦即執著樂的貪（rāga 或

lobha）、嫌忌苦的瞋（dosa）以及蠢迷之痴（moha）。此三者能令人造業以及積集業，故稱為業集三因（nidānāni kammānaṃ samudāya），又稱不善根（akusalamūlāni），又稱三縛（a-ṃyojana）、三心穢（cittassa upakilesā）、三火（aggi）、三路（agati）、三流（ogha）等。此根本三毒若予以敷衍，則從吾等欲求所生的一切惡德及害惡皆可含括於其中。

佛教察覺此世多苦，而一切苦之根源其惡德甚深，故從所有方面觀察分類此根本三毒乃至一切惡德。奧義書中，觀察世苦特深的《邁伊多拉亞納》（三五）對於惡德之觀察極其精密，可以說是佛教之先驅或與佛教同一思潮的產物，故應予以注意。

就佛教的立場而言，惡德乃是附著於人性的惡報之發露，故不能以基督教所說的「罪惡」稱之。此等具有覆蓋清淨心及障礙精進的作用，故稱為蓋（uīvaraṇa）或障（āvaraṇa），此障蓋並非人性固有之惡，只是依因緣而附著，故稱為心穢（ceto-kilesa）或煩惱（kilesa）。一般人皆具有，任何人皆能察覺其束縛與障礙之蓋有如次五種：

原語	漢譯	意譯	英譯
Kāmacchanda	貪欲	肉欲	sensual desire.
Vyāpāda	瞋恚	惡性	ill will.
Thīnamiddha	睡眠	疎懶	stolidity & torpor.
Uddhaccha	調戲	浮虛	exitement.
Vicikicchā	疑惑	躊躇	perplexity.

肉欲是指追逐一切五官上的快樂，且貪之，執著之。惡性是指對於一切害惡或不快，心亂，生起忿怒，對人對物表現敵意而自苦。疎懶是指：（一）知性智力不活動，置心於不明曖昧之狀態，（二）身體五官處於懶惰，陷於睡眠昏沌之狀態。浮虛是指心不安靜，無分別的生起非義非分之希望。躊躇是指對於一切事物不能分別判斷，躊躇逡巡，陷於有知而疑惑，有意而不決斷的困境。此中又可細分，例如對於貪欲，又有歡喜（nandī）、生殖欲（janikā）、染著（saṅga）、愛樂（nandī-rāga）之區分。

以上的五蓋五障一般人都具有，但某些人另具意圖擴大或延長知力上之惡德與生存之傾向，故於此五種之上，又添加其他種類之惡德。此即稱為七結（saññojana）或七使（anusaya），此乃是心被主我之欲所束縛，被用於某種目的之惡德。

Anunaya 或 Kāma-rāga	欲貪	fawning, sensual passion.
Paṭigha	瞋恚	repugnance.
Diṭṭhi	見	opimion.
Vicikicchā	疑惑	perplexity.
Māna	慢	pride.
Bhava-rāga	有愛	attachment to existenco.
Avijjā	無明	ignorance.

此處所說的貪欲是指劇烈的追求肉欲。瞋恚同於先前之惡性，亦即能亂心，激化心。見是指對於任何事抱持某種見解且固守之。疑惑是特就知而言，慢心是指對於地位、知識等等認為自己勝於他人。有愛是指意圖維持擴張生命的執著與欲望，同於叔本華所說的 Wille zum Leben。無明是指對於任何事物不能辨明其真相，不知真理，對於知識之追求欠缺真摯，欠缺熟慮，於不明曖昧中彷徨。此等再加上嫉、慳，即稱為九結。

此等修行上的惡德相較於一般惡德，其範圍較狹，但病較深。以上的七結若再加上有我的見解，亦即我見，以及自己乃是有德的修行者之慢心，亦即加上戒取，以及有形與無形的生存之欲，則成十種結。此結更可作上下二種區分。

Oraṃbhagiya	下分	
Sakkāya-diṭṭhi	身見	對於我的身體的執著
Vicikicchā	疑惑	
Sīlabbata-pārāmāsa	戒取	持戒及增進道德之自負
Kāma-rāga	貪欲	
Paṭigha	瞋恚	
Uddhaṃbhagiya	上分	
Rūpa-rāga	色貪	關於色界生存之貪欲
Arūpa-rāga	無色貪	關於無色界生存之貪欲
Māna	慢	高慢自誇
Uddhacca	調戲	
Avijja	無明	

此上下之區別是就修行所作的區分，與所謂的阿羅漢四果有關。據此看來，佛教的修行以先斷五下分結為要。

此外的四種漏（āsava），亦即身心遍流，刺激種種惡的惡德，是愛欲（kāma-āsava）、有（bhava-ā.）、見（diṭṭhi-ā.）、無明（avijjā-ā.），而四種取（upādāna，亦即拘泥執著），是愛欲取、見取、戒取（sīlabba-upādāna）、我見取（attavāda-up.），沙門行者的四不善法是忿（kodha）、覆（makkha，亦即偽善），利養（lābha，亦即貪著供養利養），名聞（sakkāra，亦即名譽心）。無庸贅言，此等名目彼此交錯，不能說是適當的分類，且其數字名目似乎也甚為繁瑣，但此等於修行上有其必要，佛弟子在修行時，若惡念生起，或思及所作某種惡行時，則以此等名目對照，瞭解相當於何等惡德，亦即用於自我對治。亦即如此的分類是為方便學習及記憶，佛子於記憶此等惡德之外，應隨時自省，警覺世間之害惡，據此而精勵修行。若慮及此，則可發現在如此的分類之中，實含蘊其真摯之心。更且若思及無論心理學或倫理學，迄今對於惡德善德尚未給予適當分類，則對於佛教所作的如此分類實不能過分非難。

總地說來，佛陀觀見吾等的苦痛實多，而苦痛出自於惡德，故列舉所有惡德，又觀察造此等惡之所以，故前揭之外，又有十六結。亦即：

巴利名	漢譯	諾曼的德譯
Abhijjhāvisama-lobha	非法欲	Solbstsucht.
Vyāpāda	惡貪	Bosheit.
Kodha	恚	Zorn.
Upanāha	瞋纏	Nidertracht.

Makkha	諛諂（覆）	Hecuhelei.
Paḷhāsa	嫉	Neid.
Issā	貪	Eiferumg.
Macchariya	慳	Eigennutz.
Māyā	欺誑	Trug.
Sāṭheyya	不結語	Tücke.
Thambha	無慚（？）	Starrsinn.
Sārambha	無愧（？）	Ungestüm.
Māna	慢	Dünkel.
Atimāna	大慢	Übermuth.
Mada	傲慢	Lāssigkeit.
Pamāda	放逸	Leichtsinn.

漢譯於此加上邪見、邪法、睡眠、疑悔、調惑等，而成二十一結。

對於一一惡德，於注意其細別之外，佛陀又從各個方面觀察惡德繫縛人心，動搖人心之所以。亦即對於先前所揭的蓋（nīvaraṇa）、障（āvaraṇa）、穢（kilesa）、漏（āsava）、取（upādāna）之外，對於同一惡德又給予種種名稱。

Vinibandha	縛
Anusaya	使（亦即支配力）
Yoga	執著
Akusala-mūla	不善根
Aggi	火
Agati	荊路
Ogha	流
Sattipadā	刀
Gantha	（鎖）
Pariyuṭṭhana	？
Latā	蔓
Dukkha-nidāna	苦因
Māra-pāsa	魔繫
Māra-balisa	魔釣
Māra-visaya	（魔境）

此中，對於稱為「刀」的項目，特揭出「百八刀」一語，遂有百八煩惱之說。所謂的百八，是將六官的感覺各乘以樂、苦與不苦不樂等三種，所得的十八類又有貪著（gehasita）與捨離（ne kkhamasita）等二分，而成三十六類，三十六各有過去、現在、未來之區分，故成百八之數。稱之為刀，是人心常於此等感覺及其取捨之間，如立於刀背之危機。就此分類看來，佛教的惡德觀不出於著眼在受外界影響的苦惱所支配的苦樂，見自己心中之賊，對於惡德之出沒應多加警戒，因此，其多苦觀實是道德力行之原動力。

因此，此等惡德之分類及其實行上之應用，古來宗教家無論是用來與自己的惡性戰鬪，或在折伏他人惡德而作的列舉，其目的相同。此下且與基督教所揭惡德略作比較。基督所揭的惡德是指從人心所出，成為行為，從內而出而污染吾等。《馬太傳》（一五一九）所載如次。

πονηροι	惡念	evil thoughts
φόνος	殺傷	murders
μοιχειαι	邪淫	adulteries
πορνειαι	苟合	fornications
κλοπαι	偷盜	thefts
ψευδομαρτυριαι	偽證	false witness
βλασφημιαι	讒謗	railings

相同的說法也見於《馬可傳》（七之二一），偽證一項除去，加上如次七項。

πλέονεξιαι	貪婪	covetings
πονηριαι	惡匿	wickedness
δολος	欺誑	deceit
άσελγεια	好色	lasciviousness
όφθαλμος	嫉	evil eye
ύπερηφανια	傲慢	pride
άφροσυνη	狂妄	foolishness

使徒巴烏羅於自責責人方面甚為嚴厲，彼意識到人性之惡甚深，故對於惡德之列舉不亞於佛教。在寄給羅馬教會的信函（一之二九～三一）中，彼揭出不信神者的惡德有十六，給加拉太人的信函（五之二〇～二一）中，揭出十五種肉體上的行為，又在「歌林多後書」（一九之二〇）中，對於人與人的關係，揭出八種惡德。其中所揭與肉體有關的，如次（有*的，是先前已有）所列：

*πορνεια**	苟合	fornication
ἀκαθαρσια	不淨	unclcanness
*ἀσελγεια**	好色	lasciviousness
ειδωλολατ ρεια	崇拜偶像	idolatory
φαρμακεια	巫術	sorcery
ἐχθραι	仇恨	enmities
ἐρις	爭鬪	strife
ζηλοι	妬忌	jealousies
θυμοι	忿怒	wraths
ἐπιθειαι	紛爭	factions
διχοστασιαι	結黨	divisions
αἱρεσεις	異說	heresies
φθονα	嫉	envyings
μεθαι	調戲	drunkenness
κωμοι	放逸	revellings

此與佛教所揭惡德的結果或根本有何異同，今暫且略過。總之，佛教所揭的所有惡德是潛伏性的，常伺機而發動，故應調伏之。此等惡德人皆有之，故同樣都必須精進修行。既然都是惡德凡

夫，生活於此苦界，所以都必須進善，此間並無階級之別，因此，人之高下種別完全依其惡德善心之消長而定。

有內穢而不自知者正如銅鍵之銹，人不能磨之，是為最下。內有污穢而能自知者，應自我磨其銹。雖無污穢，然不能自覺者，將因怠惰而墮於污穢，恰似鍵雖無銹，但總有生銹之時日。無污穢而又能自覺者，即如常清淨磨鍵者，此為最上。眾生有如此種類，如實了知心穢，即是佛道修行之首要，佛陀詳述惡德之所以，在於勸發與誘導吾等。

又有其他類例，眾生因明暗淨穢而於輪迴流轉之中，或向上，或向下。人因其先世業報而有貧富貴賤，或四姓階級、職業資性之別。但此等差別並非永恆不變，將依精進修行與否而改變。人之高下並非依現在的地位，而是依其所向（parāyana）而定。例如生於下賤種姓，貧窮困苦，其人又不信教法，瞋恨慳貪且抱持惡見，常與善人為敵，以妨礙他人行善為樂。如此之人是由暗入暗，由污入污，後世將墮於惡趣，如此之人最是可憐。反之，雖生於卑賤，處於貧困，然具有信心，不懷惡心，常抱持慚愧心，尊敬善人，欣求善事，如此之人今雖在暗，但爾後將入明，今雖在污，但爾後將得淨生天。若是富貴人，卻增長惡德，慳貪不捨，結交惡人，此人是由明入暗，由淨入污。反之，今生富貴，又有信心，善心豐富，此人是由明入明，由淨入淨，可得生天。

如是，佛陀雖承認依業之黑白，亦即依業之淨穢而其出生有別，但佛陀不因其出生而決定其人高下。爾時，佛陀剃髮，坐於河邊，一婆羅門來，婆羅門心中思忖「此剃髮行者（muṇḍa）應是下賤種姓」，遂問佛陀種姓。佛陀答彼曰：

> 不問所生，應問所行，
> 從枯木生火。
> 雖生於卑賤家，仍是有智之牟尼，
> 智曉慚愧自制，
> 從理，順良住於調伏，
> 得究竟智慧，成就淨行，
> 如此人實堪恭敬供養。

同此的精神也見於對於賤民（Vasala）的見解。曾有一婆羅門指稱佛陀為賤民。佛陀首先問彼可知何謂賤民，問過之後，徐徐說明，曰：「多瞋，犯罪業，偽見虛偽者，是為賤民。不憐憫生物而殺之，偷盜人物，負債不還，說虛偽之語，侵犯人妻，不孝養父母，惡言對人，自誇，徒然羨人，侮辱佛陀及其他修道者，或實非聖者，卻偽裝成聖者，皆是賤民。雖生於旃陀羅家，仍有成為賢者之人，雖生於婆羅門，仍有墮於惡者。非因出生而成為賤民或婆羅門，係依業而有賤民與婆羅門之別。」

因此，在修道上，修嚴苛的苦行，只是在外表上表現修行的人，並不是真正的修行者。為自利而虐人或殘殺牧畜者，此是自利苦他之人，是為最下之人。雖不苦他，然以生天為目的而修苦行，或以祭儀戒律自苦，又以此規律強迫他人者，此是自苦他苦之行者，不是真正之行者。真正的行者是不苦自己，也不苦他人而得寂靜智慧者。

佛陀是以如此的眼光看待人之出生與其德之間的關係，故佛陀對於婆羅門，所持的態度是，並非對方是婆羅門種姓而尊敬之，而是彼等因業報殊勝而生為婆羅門，故尊敬之；是婆羅門貴種之所以，不在於其出生及外形行儀，而在於其德。《法句經》的「梵志品」其全品盡是依此趣意而成之法句。今揭出數偈如次：

非因結髮故，或種族故，或出生故，而為婆羅門，
如法依從正行者，是有幸之人，是婆羅門。（三九三）
非因其出生故，或其母故，而稱婆羅門，
貧卻住於無相，稱為婆羅門。（三九六）

無惡行，能忍惡言、虐遇、束縛，

以忍辱之力，不屈為勢者，稱為婆羅門。（三九九）

斷絕怒，依從規律，修戒行，無漏情，

自制，住最後身者，稱為婆羅門。（四〇〇）

深智，賢明，了知道之道，

到達最上真義者，稱為婆羅門。（四〇三）

去除貪瞋慢諛諂，

如芥子粒從針頭掉落者，稱為婆羅門。（四〇七）

屏絕樂著，得知見，不議論彼此，

到達不滅者，稱為婆羅門。（四一一）

於此世，捐棄德與罪兩種執著，

無憂，無污的清淨者，稱為婆羅門。（四三一）

如月之無穢，清淨平靜，無刺荊，

絕滅愛樂之生存者，稱為婆羅門。（四三一）

超越諸多迷路，難路眾多的流轉與痴，

度已，到達彼岸，禪思不動，不議論彼此，

滅盡執著者，稱為婆羅門。（四一四）

棄絕樂與不樂，清涼，滅取，

戰勝一切世間之雄者，稱為婆羅門。（四一八）

於一切處，了知眾生（satta）之生與滅，
無染著（satta）之善逝、覺者，稱為婆羅門。（四一九）
諸天、揵陀婆、人皆不知其人行處，
漏盡之聖者，稱為婆羅門。（四二〇）
前後中皆無任何物，
無相無取者，稱為婆羅門。（四二一）
雄健偉大之雄者、大仙、勝者，
不動，圓滿之覺者，稱為婆羅門。（四二二）

如是，真正的婆羅門是有德者之謂，是指智慧德行兼備的行者，作為如此理想之人的婆羅門，不應只是司掌祈禱（brahman）的人而已，實是得梵天（Brahman）之位的人，亦即就此意義而言，佛陀、如來也可以說是婆羅門（brahmāṇa, brahma-bhūta）。就此關係而言，佛陀顯然認為可將崇敬古聖（過去諸佛）之心，移至古來有德的婆羅門身上，佛陀無意與婆羅門的教法相對立，而是發揮其古時真義。而此又與僧伽有關，後文將就此述之。

總地說來，人世多苦，人心多惡德，惡德、惡業與多苦相互增長，故輪迴無盡。雖然如此，但善業能增長善德，處於此世，漸次修行佛道，斷生死乃是佛子要務。此世的貧富、貴賤、賢愚、利鈍

之別，皆因於宿習。有關人性善惡或人品高下之觀察，將於後文的業因業果之說明中，再作論述。

第三章　關於惡魔的信仰與傳說

佛教對於人的惡德給予深刻觀察，此如前節所揭，而此等惡德並非因於觸犯神之法律，而是出自人的本性。隨著此惡德觀加深，自然生起何者是此等惡德之源泉的疑問。惡德之稱呼中，之所以有魔繫、魔釣等名，其因在此，惡魔能誘惑人且障礙善德開發的信仰，其出處不詳，但早已存於佛子之間。此惡魔乃是一切惡德（pāpa）之權化，是被稱為惡者，亦即波旬（pāpimā，梵語pāpīyan）的魔羅（Māra）。巴利佛典「相應部」第四的「惡魔品」（漢譯辰四之二三～二九，辰五之八～一一）及第五「比丘尼品」（漢澤辰四之五九～六二，辰五之七三～七七）皆載有此惡魔誘惑嬈亂佛陀及佛弟子等之傳說。

首先就佛陀與惡魔的關係見之，成道前的肉欲上的誘惑，以及以暴力畏嚇妨礙其成正覺，成道後，意圖阻撓其傳教，入滅前又再出現，催促盡早入滅等等。亦即佛陀的一生常被惡魔糾纏，惡魔企圖妨礙其正覺、布教，彼之所行與梵天的襄助佛陀正成反比。

最初惡魔對於在樹下靜坐，希求正覺的行者沙門，企圖嬈亂其心。

爾時世尊在尼連禪河畔樹下靜坐。其時惡魔於七年間伺機糾纏世尊，然未得機會。惡魔至世尊前，偈曰：

> 獨入一空處，禪思靜思惟，已捨國財寶，於此復何求？若求聚落利，何不習近人，既不習近人，終竟何所得？

對此，佛陀言己心寂靜，已斷人生之欲，但惡魔猶意圖以其他思想擾亂其心，又云：

> 瞿曇若自知，安隱涅槃道，獨善無為樂，何為強化人？
>
> 佛陀曰：
>
> 非魔所制處，來問度彼岸，我則以正答，令彼得涅槃。時得不放逸，不隨魔自在。

如是，惡魔辱罵佛陀，然見其擾亂無效，遂無言離去。為此，愛欲（Taṇhā）、愛念（Arati）、受樂（Ṛagā）等三女見其父憂，意圖以愛欲誘惑沙門行者，或變化百名少女，或變化壯年婦人，或變化中年婦人以甘言誘惑佛陀。但佛陀一一退之，三女無功回歸其父面前。

父斥之，曰：

> 汝等三女子，自誇說堪能……反為其所破，如風飄其綿。欲以爪破山，齒齧破鐵丸，欲以髮藕絲，旋轉於大山。和合悉解脫，而望亂其心，若能縛風足，令月空中墮。以手抒大海，氣歔動雪山，和合悉解脫，亦可令傾動。於深巨海中，而求安足地，如來於一切，和合悉解脫。正覺大海中，求傾動亦然。

其他還有類此的傳說，《降伏經》及《普曜經》、《本行集經》等更詳載佛陀與惡魔之問答。亦即佛陀因精進苦行而身命將盡，惡魔乘機施以畏嚇，令行事火供犧祭法，意圖妨礙其思惟正覺。但佛陀表示其身命不足惜，並叱責惡魔。從彼此的問答中，可以窺見惡魔得以擾亂修行人之所以，是因為惡魔擁有攻擊行者之軍勢八軍（或十二）。同於先前所揭惡德，此軍勢即是肉欲（kāma）、憂愁（arati）、飢渴（khuppisāsa）、愛染（taṇhā）、惛睡（thīnamiddha）、恐怖（bhīru）、疑惑（vioikicchā）、覆（makkha）、無慚（thambha）、利養（lābhu）、恭敬（sakkāra）、爭名（yaso）等。佛陀擊退此等諸軍後，曰：

見遍及諸方之軍勢，見魔乘象之武裝，

為戰而前進，不令彼等犯及此位。

人天皆不能戰勝汝軍，

我以智慧破之，如以石破素燒之瓶。

決意定心，正念堅固，

遊行於國與國之間，為化導弟子等。

佛陀與惡德戰鬪之景況，藉由詩人之筆，得以窺見。佛陀成道後，度六十名弟子，派遣彼等前往四方，而自己也步上傳道之途時，惡魔又再度出現，意圖妨礙之。其後，惡魔仍屢屢妨礙佛陀，例如或轉動巖石，或以雷電、雷雹亂心，又變雪山為黃金，或以可以令佛陀成為國王作為誘惑。可以說惡魔至此已成為聖道妨礙之權化。當佛陀自知即將入滅時，惡魔更如同催死之死神，勸誘佛陀立即入滅。但佛陀斥退之，並表明佛之入滅是出自自己決意，絕非惡魔所能左右。

對於佛陀，惡魔尚能作出如此誘惑畏嚇。對於比丘比丘尼常意圖予以妨礙嬈亂，自是當然。從先前所述的巴利「相應部」的傳說看來，魔妨礙佛弟子修行的動機之中，最常見的，是擾亂彼等靜坐的正念，而五欲的誘惑次之，此外，將智慧悟道導向邪路，以幸福誘人，或趁其心生憂惱而意圖令其心轉向修行之外等等，惡魔是所有惡德之權化昭然若揭。

試揭其意圖妨礙正念思惟之例如次：

爾時蓮華色（Uppalavaṇṇā）比丘尼……坐於繁花盛開的娑羅樹下。其時惡魔意圖畏怖動搖蓮華色比丘尼，擾亂其三昧，故來到彼面前，曰：比丘尼！獨坐繁花盛開之娑羅樹下，美人！汝無其他伴侶，愚女！汝豈不畏怖惡人耶？蓮華色比丘尼知此為惡魔，故答曰：惡人百人千人來此，不能動我一毛，雖僅獨自一人，亦不怖畏。雖聽聞此語，惡魔仍意圖畏嚇比丘尼，告知將自隱其形，入彼腹中。比丘尼白魔曰：魔不能入正念定意人腹中，又曰：心能定，得如意神通，解一切繫，我不畏怖汝。

惡魔遂失望飲恨而去。此一段記載顯然是在勸勉佛子，當面對妨礙禪修的惡魔時，應以止息定意退治之。惡魔能隱其形體，進入人腹中的傳說，也頗為常見，例如「中部」的《降魔經》，也載有惡魔入大目揵連腹中的故事。大目揵連察覺惡魔波旬潛藏於其腹中，命令彼「出來」。波旬思忖：「大師如來猶不容易察覺我入其腹中，其弟子如何得以知之」。既被察覺，只好離開目揵連身體，現於其面前。隨後，目揵連為波旬說法。目揵連告波旬曰：「往昔覺礫拘荀大（Kakusandha）佛在世時，我乃名為惡（Dūsī）之惡魔，而汝即是其妹黑（Kaḷī）子」。從此段記載可以看出佛子是如何意識到存在於人性中的惡，而作為其權化的惡魔與人類的關係如何密切。

擾亂禪修之例暫且略過，茲試揭五欲誘惑之例如次：

爾時曠野（Ālavī）比丘尼獨坐密林中。其時惡魔意圖擾亂阻止曠野比丘尼的獨坐思惟，遂至彼面前，曰：並無離脫世間者，汝遠離之，欲行何事，樂五欲之樂，勿獨坐而悔之。比丘尼答曰：有出離此世者，我以智慧得之。波旬！汝放心之徒，汝應知此道。五欲如刀槍，五蘊能刺人，汝稱此為欲樂，我稱之為不樂。

如是，惡魔失望而去。

五欲的誘惑之外，惡魔亦誘惑沉溺於（失子）之痛的人，意圖阻止其修行聖道，提出有關此等的疑問，意圖煽動其疑心，又曾妨礙佛陀的教化，又意圖捕捉入滅聖者之識神，卻不得如願。造作此等惡行時，或化為婦人，或種種異形怪物。彼欲捕入滅聖者瞿低迦（Godhika）之識神，不得如願之後，手持琉璃柄琵琶，詣世尊所，誦偈，其行徑一如歐洲中世之惡魔。

要言之，惡魔波旬是吾等惡德之權化，是從所有方面，以所有方法，妨礙吾等修行的怪物。「魔」（Māra）一語似乎出自於「死」（mṛ），從又以「死」（Maccu）稱之，即顯示彼如同奧義書中的死神。雖然如此，但若注意到佛弟子與彼所作的對話，顯然佛子不是懼怕死，而是怖畏惡德來襲，故視之為惡魔。有關此惡魔之記載，舉凡與佛陀一生或佛弟子的修行有關的，都是彼等與惡德戰鬭的事蹟。吾等的惡德潛藏之處、惡業顯現之處，即是魔以魔索（Māra-pāsa）縛人，以魔釣（Māra-balisa）釣人，引人入於魔境（Māra-visaya）之處。而與此魔的戰鬭，完全在於隨順佛陀教法。

勤修努力，隨順佛陀教訓，

摧破死軍，猶如象摧草屋。

止住此教法與戒律而不放逸。

棄生生之流轉，得苦之滅。

第四章　婦女的地位

對於一般人的惡德具有銳利之觀察力，又最熱切勸導弟子對治惡德的佛陀，對於婦女，也是著重於見其惡德。之所以如此，一方面是為敦促女性自我反省，助其修德，另一方面則在提醒修道比丘對於婦人應有所警戒。吾等通常具有的惡德，婦女當然也都具有，但除此之外，婦女特有的惡德實多。貪欲、疎懶、戲笑等等，在婦女身上頗為常見，晨朝初起，即以嫉妬心自苦；日中疎懶，耽於睡眠；日暮時分，則以諸欲想自我束縛。婦女之所賴，常是外在的虛榮，或自誇生家豪貴，誇其夫富，令夫隨從己之所云為樂，誇讚己子等等；獨居時，恣意放縱，此即是婦女之五慾想。賴己美色、親族力、財力、子力、自主頑守之力等等，也是眾多婦女的通病。其身不淨，口舌好惡，所言所思，反覆無常，嫉妬心強，多慳嫉瞋恚，多妄語，所言輕率，又輕率行事，常好他出外遊。此等亦屬婦女多於男子之惡德。

因此，一般而言，婦女並不適合出家修行。佛陀的姨母瞿曇彌

（Gotamī）乞求出家，再三被拒之後，才獲允許。但佛陀仍制定婦女出家後，對於比丘應遵守八敬法。佛陀對女性如此嚴格之所以，在於為對治其特有的惡德，但也在於強調彼等具有撼動誘惑男子之力。佛陀曾揭出女性具有捕獲男子之八力：笑、言說、歌謠、涕泣、盛粧、變粧及接觸。因此，曾經在路途中，見枯木燃燒，佛陀即以此訓誡其弟子：「寧以此身投入火中，亦不與女子交接」。將與情欲戰鬪的人（yodhājīva），說為是勇士，其意同此。曰：

> 有比丘聽聞某村有端正最上美色婦女或少女，心亂，不能自制，不能守淨行，失其守戒之力，成為捨戒小人。此恰如戰士望風塵而生怖畏，心亂，不堪戰鬪。
>
> 又有比丘聽聞某村美女，見之，見而心亂，成為捨戒小人。此恰如戰士雖堪風塵，然見旗幟，心亂，不堪戰鬪。
>
> 又有比丘林中住，或樹下坐，或空地住，至女人之處談笑，把手，戲笑，心亂，成為捨戒小人。此恰如戰士雖堪風塵，堪旗幟，然見干戈相交，心亂而不堪戰。
>
> 又有比丘在林中或樹下或空地，至女人之處，坐於其傍，共起居，自在，不捨戒，然終與彼行交接。此恰如戰士雖堪風塵，堪旗幟，干戈相交，交戰而死，懷怨。

> 又有比丘在林中或樹下或空地，至女人之處，坐於其傍，共起居，自在，然終去之、離之，辭去其欲。如是在林中、樹下、山中、巖上、巖窟、墓地、深林、廣野、堆糿設座席，於此端坐，正身結跏，專念正念。……此恰如戰士堪風塵，堪旗幟，堪干戈相交，交戰得勝利而歸。

因此，戒律中，關於與女性之交往，施設禁戒，防止比丘對女性產生遐想。

佛陀對於婦女如此嚴格，無庸贅言，是為修行比丘著想，並不是佛陀輕視女性。婦女之惡德較多於男子，此乃佛陀之所明言，如同男子對於其惡德應予以注意，女子對於自己的惡德也應特加注意。佛陀在揭示四諦時，通常是先揭示事物之真相，然後勸勉應出離解脫。如同首先揭示人生一般的惡德，進而要求對治之，佛陀首先指出女子的惡德，以及男子對此之慾想，進而揭示對此應有的態度。亦即佛陀揭出對於婦女，男子應持如次心態：「見老年婦人，應作母想，見中年婦女，應作姊妹想，見年少婦女，應作子女想」。

當然此主要是就出家修行者對於婦女的態度而言，對於在家人的夫婦關係，佛陀強調應重視婦德。給孤獨長者其媳善生

（Sujātā）自恃姿容，又出身王家，故不從順夫婿姑舅，給孤獨長者深為此所苦，為此，佛陀降伏此女。言曰：

> 惡心無慈心，輕視其夫，且有嫉妬心者，恰似屠者之婦。擁有眾多財產，卻不以此襄助夫之農工商等事業者，恰似盜賊之婦。自不作事，懶惰，多食，心慳，言詞荒誕，虐待奴婢者，恰似暴主之婦。心富於慈愛，侍奉父母，事夫，護夫之財產，是為似母之婦。如姊妹尊敬丈夫，心良順者，是為似姊妹之婦。如多年之友，樂其夫，貞順、溫良、誠實者，是為似友之婦。心絕瞋恚、嫉妬，忍耐事夫者，是為似婢之婦。善生！是七輩婦，汝欲行何？

經由佛陀如此說示，善生遂被感化成為良順之婦。對於婦德是持如此態度，故對於夫婦的關係，佛陀的注意亦深，在《六方禮拜經》中，提出其相互關係，婦對夫敬順，而夫亦應謹守禮儀，不亂威儀，更且對於家務事，應委任妻子，完全的信任。同此，對於夫婦之相互感化，佛陀亦不忽視。佛陀將十惡之夫與十惡之婦之共住，稱為惡人的生活；將十善之夫婦稱為天人天女共棲，進而指出惡夫與善婦、善夫與惡婦，其感化之消長。總地說來，佛陀所揭示的理想夫婦是，子為人之寶，妻為人生第一伴侶。

作為世相實狀，佛陀徹見女子所具一般以及特別的惡德，且毫不留情的叱責之，但又能知其特性，勸誡彼等捨惡就善。依此勸誡而趨進修行之道的比丘尼之中，出現不少傑出婦女，而在家女性信眾之中，也有在種種方面表現特為優異者。例如信仰深厚的善生（Sujātā），樂好施予慈善的鹿母毘舍佉（Visākhā Migāramātā），以多聞馳名的久壽多羅（Khujjuttarā），富於慈心的沙馬瓦提（Sāmāvatī），擅長禪定的難陀母優多羅（Uttarā Nandamātā），勤勉看護病者的須毘耶（Suppiyā）等等，都是頗受佛陀尊重之婦女。若能揭出此等婦女事蹟，自然得以了知婦女在佛教史上曾經有過何等活動。

第五章　對於大自然的態度

佛教認為人心具有如此眾多惡德、人事具有如此紛紛煩擾之所以，完全出自吾等的渴愛慾望。因此，自然而然的認為應轉成無慾、無爭，靜觀大自然的心態，從中尋求人慾紛紛之對治。因此，佛陀當然不是嫉惡此世間而主張背離之，而是發其慈悲心，弘化五十年，其弟子等亦繼承其為人類幸福，為世間人天利樂之心而宣揚其教。其慈悲並非執愛此人生之愛著，而是徹見吾等於惡德中生活，受死魔束縛，輪迴於六趣，故生起悲憫愛憐之情，矜哀之心。因此，脫卻世事紛紛，處於閑靜，是佛道修行之第一步，方便修心觀法之處所常是遠離市井人圈之處，而感化教導之慈悲心亦養於此中，爾後才施之於市井。

（佛陀或弟子）或在林間樹下，或岩窟，或山谷，或墓地，或深林中、或平野草上坐。其時或有婆羅門、居士，其他人人往來此處，然靜坐不亂心，不動情，又不執著於逸樂。

如是，佛弟子多少都有林居，亦即阿蘭若行者（araññaka）的經驗。或於綠葉影美的春天的森林中，天香恍惚；或於夏季的山林，禽鳥紛飛之間，以禽聲為友，耽於禪思；又於十五的夜晚，月光普灑，天地籠罩於碧光之中，入於身光融合之境，大自然是佛教徒的良友。佛弟子常歌詠山中林間之閑居，前文述及佛陀在說法時，常採用自然界事物作為譬喻的材料，其因在此。茲揭數例如次。

迦樓陀夷（Kāḷudāyī）詠春曰：

> 此樹真紅色，光輝如火焰，捨葉求果實。大雄尊！應分法味時。樹花開可愛，香氣普四方，捨葉求果實，大雄尊！由此行動時。勿過寒亦勿過暑，當快樂旅季節云云。

其名為獨住（Ekavihāriya）之人其詠林居之詩，曰：

> 若前若後，無他人時，獨住林間，有大安樂。我佛讚森林，而獨赴其處，獨棲為專念，比丘安樂所。獨急行入林，狂象常出沒，向道喜樂處，專心為法利。美花開寒林，冰冷山窟中，四肢為水濺，我獨為經行。樂住大林中，我為唯一人，並無第二者，住於漏盡事，何時將有成。冷風吹來，微妙香

氣，我坐山巔，破無明闇。林中為花掩，寒冷洞窟中，解脫得安樂，我樂居山廓。

某弟子歌詠大迦葉之山上觀法，詩曰：

佛之嗣續者，山上捨命處，迦葉有正知，正念有神通，毅然上行去。

迦葉乞食歸，毅然登山上，無著無怖畏，獨坐靜禪思。

碧雲色美麗，清冷水澄湛，地為因達伍，波迦甲蟲掩，吾樂此岩山。

碧雲峯優美，宛如棲閣頂，象聲所響處，吾樂此岩山。

鳥麻花衣著，如雲覆虛空，種種鳥類群，此等岩山內，為我安樂所。

此處在家者不集，獸群所悠遊，種種鳥群集，此等岩山內，為我安樂所。

如奏五種樂，集於心一境，得見正法人，喜樂實無比。

有澄清之水，亦有大磐石，黑面猿鹿群，青苔覆水面，此等之岩山，我等甚快樂。

雖然只是若干例證，但足以顯示佛弟子是如何於大自然中生活，觀大自然無意無心，然物皆各得其處，而天地山川、寒暑、風雲調和之心情。雖然如此，但愛著不偈限於任何事物，是渴愛根源，惡德產生之所以。因此，在大自然中，並非愛其色彩燦爛之美，喜其有變化微妙之觀，而是心馳於其洞徹清涼之趣，於其寂然不動之姿中，求觀心之便。於大自然之中，「專心」（ekaggacitta）長養透明之心，乃是佛弟子的大自然觀，後世於中國、日本發展的禪宗墨畫之類，即是映於彼等心眼中的大自然之萬有。因此，其大自然觀有別於諸多詩人畫家所愛著的大自然，不僅只是超越人事，更是打破現實，以求進入大自然心髓。亦即初始是放眼於大自然，以大自然之美慰心，靜觀其寂靜，但當心日益沉潛時，則藉由我與萬有之融合而將萬有盡收於我之一心，藉此到達修行之奧境。此境地之心猶如先前說明二禪時作為譬喻之山湖，一滴亦不仰他，似充滿清冽之水，又如山湖之水清澈見底，清澄無一塵之污。對此，佛陀為阿難陀所揭如次：

> 恰似此鹿子母東園，無象牛馬，無金銀，無男女人眾，唯一不空，即比丘眾。如是，人應棄村想，棄人想，作唯一森想。森想之中，心快，靜謐，安穩。……如斯，空去村想，空去人想，唯不空去森想。……

如是棄人想，又棄森想，次唯一作大地想。大地想之中，心快，靜謐，安隱。恰似以延釘張牛皮，牛皮延伸無皺，如是比丘，去大地上高低、水路、漠地、叢地、山岳、谿谷，此等一切之念，唯一作大地想。……

如是，棄森想，又棄大地想，唯一作無量識處之想。……

如是一再推進而到達最高之無想乃是觀心之目的。亦即所謂的愛大自然，完全是相對於人事紛紛而言，但最後超越之，才是其目的。雖然如此，但佛教徒禪修時，大多是在林間山中之寂靜處，乃至與同行共同論道，或見師主聞其說法，通常也是在野外。因此，大自然之情味非彼等之所能忘。更且無論誕生或成道，或轉法輪，或入滅，佛陀都是在野外林樹之間。佛弟子或其他眾人在回憶佛陀入定靜坐之姿時，最常出現的威容是樹下人的印象。

世尊於一娑羅樹下，結跏趺坐，容儀端正，面稍前俯，住於正念。

漢譯所載更是莊嚴，記曰：

世尊在林樹間，端正姝好猶星中月，光曜暐曄晃若金山，相好具足，威神巍巍，諸根寂定，無有蔽礙，成就調御息心靜默。

若探訪佛陀誕生場所，雪山之麓，平野連綿，林樹茂盛之藍毘尼（Lumbinī）園無憂樹花盛開。後世佛教詩人極力歌詠其季節與天然之美。對於其成道處，佛陀是如次述說：

> 我即捨此法，便求無病無上安隱涅槃，求無老、無死、無愁憂感、無穢污無上安隱涅槃已，往象頂山南，欝鞞羅梵志村，名約斯那。於彼中地至可愛樂，山林欝茂，尼連禪河清流盈岸。我見彼已，便作是念：「此地至可愛樂，山林欝茂，尼連禪河清流盈岸，若族姓子欲有學者，可於中學，我亦當學，我今寧可於此中學。」即便持草往詣覺樹，到已布下敷尼師檀，結跏趺坐，要不解坐，至得漏盡，我便不解坐，至得漏盡。

其次，佛陀初輪法輪之場所是在婆羅捺城郊外，巴拉納河畔，林樹茂盛，麋鹿群聚之鹿野苑。佛陀入滅是在拘尸城外，祁連禪河畔之娑羅樹下，其時娑羅樹開非時之花，天香薰於四方。佛教之信仰既以佛陀為中心，對於佛弟子而言，此四處之天然風光與師主一生的四大事都是令人的懷念的。後世中國與日本雖欠缺對此等場所之聯想，但仍將此等大事與歲時結合。二月十五日之涅槃會具有初春寂靜之趣，四月八日的佛誕會，是慶祝春闌之陽氣；十二月的臘八接心，則是於清亮的冬晨，仰望煩惱滅盡的星光。此等法會皆伴隨對於大自然的親愛之情。

此外，佛陀的說法也與月明之夜的布薩大會多有關聯，此如先前所述。又佛陀說法時，常引用雪山、恆河、樹木、山川等大自然作為形容或譬喻。因此，此等事物與佛弟子令人有密不可分的聯想。彼等於月明之夜，坐於娑羅樹下，於暗香四溢中沉思：比丘的修行應是如此的寂靜。陣陣襲來的栴檀沈水花的香風，令人聯想到戒德修行者的德風。於路傍綠陰深處，汲清冽之泉解渴時，則憶起佛陀將此泉水比喻如賢人之利益人，或見河中逐流而去的泡沫消去，遂觀此人生亦如泡沫。此外，蓮池、河湖、石山、螢火、麥田、落葉、秋草、芭蕉等等皆能引起任何聯想，給予任何警惕。

不僅只此等無心的大自然，有情的動物也被納入於佛陀的說法中，《本生經》記載佛陀前生曾投生為種種動物，藉此培養佛教徒的情懷。某些種類的動物是依其惡性方面而成為說法的材料，例如鰐、猴等被比擬為六官，蛇被說為如惡毒之化身，猴是愚痴之代表，驢的自以為自己是牛，被用以比喻一類惡比丘實無其德而冀望受人尊敬，但馴調之馬則被用於說明出家行者之美德，龜收其首尾四肢於殼中的姿態，常用於比喻行者之收攝六根，而師子之勇猛與象之溫順常被用於形容佛陀的行止。尤其在所有動物中，象最為伶俐，又是最溫和之動物，是佛陀最為喜愛的動物，因此常將佛陀的教化以象之足跡喻之，又相傳佛陀入母胎時，是以白象之姿現於其母后夢中。若將此等傳說與《本生經》所載，以及阿育王前後的佛教彫刻中的動物都予以收錄，將可完成一部佛教動物誌，在佛教的通俗布教上，此等乃是頗為有用的材料。雖然如此，但此處僅揭出佛陀以象比擬理想的行者之偈如次。此即先前（九四頁）所揭鹿子母東園浴後的說法，後世稱大德之人為龍象（亦即 Nāga）即出自於此。偈曰：

正覺生人間，自御得正定，修習行梵跡，息意能自樂。

人之所敬重，越超一切法，亦為天所敬，無著至真人。

越度一切結，於林（vānā）離林去，捨欲樂無欲，如石出真金。

普聞正盡覺，如日昇虛空，一切龍（象）中高，如眾山有嶽。

稱說名大龍（象），而無所傷害，一切龍（象）中象，真諦無上龍（象）。

溫潤無有害，此二是象足，苦行及梵行，是謂龍（象）所行。

大龍（象）信為手，二功德為牙，念項智慧頭，思惟分別法。

受持諸法腹，樂遠離雙臂，住善息出入，內心至善定。

龍（象）行止俱定，坐定臥亦定，龍（象）一切時定，是謂龍（象）常法。

無穢家受食，有穢則不受，得惡不淨食，捨之如師子。

所得供養者，為他慈愍受，龍（象）食他信施，存命無所著。

斷除大小結，解脫一切縛，隨彼所遊行，心無有繫著。

猶如白蓮花，水生水長養，泥水不能著，妙香愛樂色。

如是最上覺，世生行世間，不為欲所染，如華水不著。

猶如然火熾，不益薪則止，無薪火不傳，此火謂之滅。

慧者說此喻，欲令解其義，是龍（象）之所知，龍（象）中龍（象）所說。

遠離淫欲恚，斷癡得無漏，龍（象）捨離其身，此龍（象）謂之滅。

第七篇

集　諦

（世相之分析）

Saṃyutta-nikāya, 22. 95. Pheṇa.

Pheṇa-piṇḍ-ūpamaṃ, vedanā bubbuḷ-upamā, mūricik-ūpamā saññā, saṅkhārā kadal-ūpāmā māy-ūpamañ ca viññānaṃ, dīpitādicca-bandhunā. Yathā yathā nijjhāyati, yoniso upaparikkhati, rittakaṃ tucchakaṃ hoti, yo naṃ passati yoniso.

雜阿含（辰二之五六左）

觀色如聚沫，受如水上泡，想如春時燄，諸行如芭蕉，諸識法如幻，日種姓尊說，周匝諦思惟，正念善觀察，無實不堅固。

五陰譬喻經（辰六之一四左）

沫聚喻於色，痛如水中泡，想譬熱時炎，行為若芭蕉，夫幻喻如識，諸佛說若此，當為觀是要，熟省而思惟，空虛之為審，不睹其有常。

第一章　成立原因及十二因緣

一切苦惱出自欲望。欲可分成：（1）肉體之五欲（kāma），（2）意圖維持其五欲之生，亦即有（bhava）的主我的欲望，以及（3）要求永續此生存的更生轉生（vibhava）之欲。此三者互相增長，於其間增長貪瞋痴，促使生死流轉，遂有苦之生起。若開發此生之原動力，則形成諸惡德煩惱，若予以總括，則可歸於渴愛（taṇbā），此相當於叔本華所說的意志。渴愛既能發露其欲求，又能與外界相應，故組成人生之延續，此即是苦之集（samudaya）。集是現世之實相，又是緣起。所謂的因緣成立，並不是認為由甲生乙，而乙對於甲毫無所為，而是因緣彼此互相影響互相增長。亦即此集諦一方面是探求因緣之成立，同時又是就諸行所成的無常之理予以分析的實相論。

一切苦惱從惡德起，根本惡德的貪瞋痴，其中心是渴愛。所謂渴愛，即是將無我視為我，且予以執著的無明。此無明成為渴愛，由於渴愛而誤將生死起滅的世界視為常住，視為實在，吾等於此生死之中，更增添無明，因渴愛而盲動。因此，就個人而言，苦界成立之根柢的無明渴愛，可歸於我慢（ahaṃkāra）與我見（sakkāya-diṭṭhi）。此我見即是罪福業報之主體，一切惡德與此我糾纏不已，行業之因果因此而連續不斷。亦即人生是業（kamma，羯磨）所生，吾等的身心生活之中，並無常住之主體，只有因果連續。故因果連續的因緣成立（paṭicca-samnppadā）是人生的現實相，又是生存業報之顯現。吾等皆將自己的意識視為常住，但識必須依據因緣才得以生起。在破斥嗏帝（Sāti）比丘的「識為常住」之惡邪見時，佛陀為彼說明此因緣之成立。

（一）六識（viññāna）是依六識所緣之色、聲、香、味、觸、法而生起，

（二）色聲等六境是依食（āhāia）而生起（食是指事物能刺激人心而長養其活動的），

（三）食可分成摶食、麤細、更樂、意念、識等四種，此等皆依渴愛（taṇhā）而生起，

（四）渴愛從覺（vedanā）生起，

（五）覺從觸（phassā）（又更樂）生起，

（六）觸從六入（saḷāyatanā）生起，

（七）六入從名色（nāma-rūpa）生起，

（八）名色從識（viññāna）生起，

（九）識從行（saṅkhāra）生起，

（十）行從無明（avijjā）生起。

若分析所有的心理作用，其所歸在於無明，因此，人生的一切動搖變化亦可歸於此一因。依無明而行，由行依序往下探尋而至於渴愛，因渴愛而有執著，生存的種種勞苦由此生起。

（一）取（upādāna），即執著生存之欲，

（二）有（bhava），即種種生存，

（三）生（jāti），即一定的身命生存之始，

（四）老死、愁慼、啼哭、憂苦、煩惱（jarā-maraṇa-soka-parideva-dukkha-domannssa）。

此四加上先前的渴愛等八種，通常稱為十二因緣。據此看來，佛陀顯然是就六識四食而分析生老病死之苦界，進而將此苦界之因緣所成歸於渴愛乃至無明。

另一方面，在《正見經》中，舍利子述說有關苦集真理的正見，首先指出苦界之中，有善惡二法，亦即十善、十惡之行業，進而揭示此善惡之滅盡，在於貪欲無明之滅，曰：

> 如是聖弟子知不善，知不善之根，知善，知善之根，於一切

處，棄捨貪欲之動搖，遠離瞋恚之動搖，殺有我見地之動搖，棄無明之明生起，於現法中，則苦盡。

亦即雖非一一述說十二因緣，但仍揭出善惡行業之因係以三毒為本，渴愛無明由此生起。舍利子進而指出食、苦、老死、生乃至無明及漏等之實狀及其成立，並揭示滅盡的方法。亦即所謂正見，即是了知此等緣起諸法之四諦，且依其證知而滅苦界的因緣。

據此看來，如同先前在《嗏帝經》中，佛將六識四食視為苦界實相，並揭示其成立，舍利子於善惡及其成立的緣起中，揭出十二因緣之實相，且就四諦一一予以詳解。實相與緣起兩者密不可分，據此可知，若無四諦之實相，則無十二因緣之緣起。但分析緣起法時，其因果相聯未必是依序而進，亦即其因緣法是相互成立，是連鎖狀的，是相互為緣，相互為因而形成此苦界。

※※※※※※※※※※※※※※※※※※※※※※※※※※※※

進而將探討此緣起的聯絡關係。佛陀所作的考察通常是基於此現實的苦界其實相，以滅此為目的，是為此目的而探求因緣，故我等也應從現實觀察其緣起的關係。

現世的苦界主要是由貪瞋痴所成的行業之世。此行業顯現為善惡，依其應報，遂有此生。既然有生，則有老病等現象，吾等因於我見、欲望而處於此間，故有苦。生是三事合會的因緣所成，所以是無常，但若探尋此生之因，則可歸於有。

所謂「有」（bhava），一言以蔽之，是指流轉之存在，此可分成欲（rāga）、色（rūpa）、無色（arūpa）等三者，亦即欲之生存、物質之生存，物質以外之生存等三者。有如此流轉之所以，完全因於有意圖生存之意欲，換言之，「有」即是執著，即是「取」（upādāna）。取可分成欲、見、戒、我等四者。「欲」是指依肉慾而造作生存之根柢（肉體的）；「見」是指實是邪見，卻自以為正見而遠離解脫之路（即無明）；「戒」是指自以為自己戒行圓滿，因此慢心而妨礙解脫。此中，有我見是一切執著（亦即取）之中心。印度的觀念主義將精神視為一切的根柢，因此我見被視為是取之中心。

我見之取，即是渴愛（taṇhā）。若依佛在鹿野苑所作揭示，所謂渴愛，是指肉慾（kāma）、有（bhava）、更生（vibhava）之希求，此乃是集諦之中心；若依《正見經》所揭，則是指對於六境之渴愛。總地說來，生存之欲無論是維持肉體，或是產生我見，皆可稱為渴愛，相當於叔本華所說的生存的意志。

如此的渴愛是生存之中心，是苦之根本，是苦集之中軸，由於如此的渴愛，所以流轉於生死，此即是集諦之所揭。因此，十二因緣之尋求，可以說至此即可，除此之外的探求，皆屬哲學思辨，若就實踐的宗教而言，著眼於渴愛滅盡，且勵精於此，就已足夠。若更求渴愛的根柢，則可探及「對此生存之苦沒有完全意識，將無常的現象界誤認為常住，且予以執著的無明」，此無明並非只是無知痴愚的消極的無明，而是以無實為實而予以執著的渴愛。《正見經》追溯此無明而至於漏，所謂的「漏」，實指渴愛執著順應對境而發露的活動。並不是由於有漏而生起渴愛，而是渴愛作為漏而呈現事實。如此看來，緣起法中，取以下的諸苦完全可歸於渴愛，因此，與其認為渴愛乃至無明（或漏）之間的感覺、名色等是渴愛之因，不如視為是渴愛其一一發露機關之分拆。而無明則再予以總括，將渴愛的盲動轉為知的方面的無知、蒙昧。據此看來，緣起即實相的世界觀並非理論性的分析，而是以實行為目的而作探求。而依此解釋則可消除認為十二因緣的關聯不清楚或視為是順環而予以非難。十二因緣是在說明原因與結果之關係，並非只是溯因，而是在揭示各項的前後左右互為因緣，因果互相增長，且將其一脈之關聯歸著於渴愛執著，亦即十二因緣之說一方面是緣起法，同時又是實相觀。

因此，此下將觀察渴愛發露之機關。如先前所述，渴愛之因緣（亦即對境）在於六感，亦即渴愛是依六感之覺（vedanā）而發露，無論說為覺生渴愛，或說為有渴愛而覺動，並無差別。之所以有六感，是因於心與外物交接，因而有觸（phassa），有觸而生六感覺之所以，是因於有六入（saḷā-yatana），亦即因於有六官。而有此六官之所以，是因於有此身體之生存，而身體是愛欲之結果或生（亦即三事合會）之結果，因此若僅求其原因，緣起之連續必須再歸於「有」與「生」。此乃自明之事，此雖已含括於渴愛是執著與生存之因的教法之中，然今卻將如此動搖六官肉體生存之概念，以「名色」（nāma-rūpa）一語概括之。所謂的名色，是指有可名之名，有可見之形的生存，亦即個人的生存（此一關係恰如將「生病死」概念的以「有」總括而表述之）。《正見經》對於名色是作如次解釋：

稱覺、想、念、觸、意為名，稱四大與四大之結著為色。

亦即總稱形成個人存在的物心二種要素之結合為名色，先前的觸與六入也含括於此中，故曰從名色生六入。

如此的名色形成個人的存在，完全依於稱為「我」的意識。亦即也可稱為「自覺」的識（viññāna）。此識是心的活動之中心，經由六入，以六境為所緣而發動，故隨從六覺而有識之發動（後世的唯識家以六窻一猿為喻之舉，正如嗏帝將識視為吾等之主宰，因而將此視為是常住體，據此可見在佛教中，持此見者古今皆存）。識雖是六感之中心，然彼並非另外的常住之體，而是隨從所緣而活動，其活動是集散諸要素，故剎那剎那其內容有別，其目的也不同。但意識本身卻以為其間的活動是統一的，因此，在意識中，有類似將散者匯集、將流逝者貫串的活動。此貫串性之集成即是行（saṅkhāra），亦即集成之過程與結合之成果皆含括在內。如此的自覺統一乃令人自以為是思想、感情、動作、行為之主體之所以，因而以身口意三業發露其動作。亦即自覺依身口意的動作而活動而發露其集成的，即是吾等行業之主體。

如此看來，覺乃至識是渴愛發露之機關與方法，若總括其原因，則為無明。如是，作為十二因緣而探求苦界成立因緣之結果，可以概括為「一切生存狀態歸於有」。於有（亦即個人之生存）之間，吾等受欲望渴愛而驅動。而所謂的渴愛，即是無明之盲動，佛陀在宣說四諦時，將苦集說為是渴愛，其因在此。因此，此下暫且脫離緣起的見地，先就渴愛是生起此生存，是令吾等於此間造作諸種行業的身心生存之理見之。

第二章　五蘊亦即身心之生存行動

前文所述的覺乃至識，可稱為佛教之心理。印度哲學的通習是，心理與生理兩不相離，更且在奧義書乃至佛教中，此生理與心理乃是宗教倫理之問題，亦即以解脫為目的，故不可僅只當作理論性的研究。後世的俱舍或唯識熱衷於此一方面的研究，將解脫的問題置於次要位置，其實並不符合佛教本來的精神。雖然如此，但此下為方便敘述，只能暫將解脫的問題擱置一旁，僅就生理心理的學說見之。

無庸贅言，吾等的生活是以身體的組織、身體與外界相應而產生的種種現象為基本，亦即身心的生活是由名色所成。組織此生活的成分，亦即蘊（或作陰，khandha）有五。

所謂的「色」（rūpa），是指能觸摸之物體，亦即可以分解的粗物。人身依此物體的組織而成，故能接受外物刺激，因冷熱而有所動，為饑渴所困。如此的色是由地水火風等元素，亦即由四大而形成一切有形的物體，又依內外麤細的物象而形成此身，長養此身，又刺激此身。

其次的「覺」（或受，vedanā）是指令此身感受苦樂的感覺，係以六感為機關，依接觸外物而生起。知覺此等感覺的材料而知覺赤白或多少或大小的，是「想」（saññā）。今雖將覺及想說感覺及知覺，但此等並非只是指感覺及認識，還含括其成果，以及令彼等有所活動之力。亦即由於有感受者，故感官受外界刺激之後，感覺於此產生。想亦復如是，此等的身心活動一方面具有物質基礎，同時又有覺及想的能動力，是依主觀與客觀之結合而成立。若抽象此能動力而作觀察，其力一方面呈現覺及想之活動，同時又有令色進入覺之中，又具有想之力。亦即物心二者有共通之性能，因而能生起覺與想。此共通的根本之力為行。

所謂「行」（saṅkhāra），如先前所述，是指集成之力或集成之結果。由精神方面代表此力，而將其結果作為意識之事實而統一覺與想的，即是「識」（viññāna）。是故，在緣起法之中，行是識之因，以行代表渴愛所發露的各個機關，是其能動能作之力。因此，行是渴愛發露之根本力，亦即身心組織之原動力，五蘊所成之理主要歸著於此行的活動；所謂的「蘊」，即是受行之集成力支配的身心組成分子。十二因緣中，渴愛等是吾等生活的現狀，而從渴愛直至行則是渴愛發露之機關，因此將作出此世相，令身心活動之力歸於行，集諦之研究或佛教的宇宙論的研究也都歸於行。是故，與其說為五蘊相集而形成身心生活，不如說為行作成或集成五蘊而形成此生活。

此下且就此「行」見之，《正見經》將「行」分成身口意三類，此乃是就其發露之方法，而非就其活動力所作的區分。若就力而言，《五轉經》與《七處三觀經》將色說為四大，將覺說為六感，將想說為六想，將行說為六思身（cetana-kāya）。所說的「六」，是與六感相當之六類；所謂的「思」，即是意志，是決定與指導之力。據此看來，顯然佛教的心理學是認為在覺、想、識等受動的心的現象之中，有思（cetana，亦即根本意志）之能動，此思之能動若作為行而發露，則集成五蘊，營造此身心的生活。亦即思或行是主觀作用之中心，同時將客體之色（亦即物質）與心的作用作聯結，又有集成色之四大地水火風而作出生命體之力。

> 思量（cinteti）若妄想生，彼使攀緣識（vijññāna）住；有攀緣識住故，有未來世生、老、病、死、憂、悲、惱、苦。如是純大苦聚集。

如是，生老病死的生活中，有所行，有行為，此等行為是附著於識的善惡薰習之發露，其根源是行作為思身，存於思量決定之心

（citta），此思量決定之結成力（亦即心行，citta-saṅkhāra）又集成與此相當之身體。

> 如嗟蘭那鳥種種雜色，我說彼心種種雜……心惱故，眾生惱。心淨故，眾生淨。譬如畫師。畫師弟子善治素地，具眾彩色，隨意圖畫種種像類，如是凡愚眾生不如實知色……故樂著於色，樂著於色故，復生未來諸色。復如是。所以者何？彼嗟蘭那鳥心種種故，其色種種。是故當善觀察思惟於心，長夜種種貪欲、瞋恚、愚癡所染；心惱故眾生惱，心淨故眾生淨。

因此，生死輪迴之間的善惡皆出自心之所行，身口意三業都在心的支配下活動，永續其果報或得以解脫。

> 從滅正受起者，意行（citta-saṅkhāra）先起，次身行，後口行……入滅正受者，順趣於離，流注於離，浚輸於離；順趣於出，流注於出，浚輸於出；順趣涅槃，流注涅槃，浚輸涅槃。

如是，一切所行以心為本而發起，成為吾等的行為，行為又造作出吾等的生命，或輪迴，或解脫。如是，將心視為主觀客觀一切生活的本源，而此中有造作萬物之力，亦即有行之力，此乃印度思想之通性，對於奧義書的哲學者而言，「思」即等同於「存在」，對於吾等而言，「思」不僅只是最直接確實的事實，又具有實際支配物體，集成及產生身體之力。思（亦即 oit）的活動，思的主人翁的 cit, cetana, citta 等等，古來皆視為是精神的中心，從而是實在之確實者。因此，佛教認為心具有所有的心的活動以及物象之集成力，將此心所具的思慮且實行之力說為「行」。《正見經》等認為此「行」同於行為，且分成身、口、意等三者，但行應是一切的覺、想、渴愛之基本，是能動者，或行為之主。

如此看來，行（亦即心行，citta-saṅkhāra）是吾等生活之根基，又是生死之主因，是業因業果之據處。由行而生起的（亦即諸行）是無常，然而行本身之力立於無常生滅之間卻不為所動，且能生起身心之活動。奧義書哲學所探求的常住體（sac-cit），其面影存在於此。在《嗏帝經》中，佛不認為有常住之體，且破斥嗏帝以識為常住之邪見，但仍不得不承認在身心轉化之間，仍有支配其變化之能動者。佛陀認為此心行只是行動之過程，並無固定之體，但行是集成之結果，又是集成之力，是居於能動者之位置，此正同於今日物理學所謂的能量。能量本身非常住之體，只能依發動而顯現，但具有貫通其生滅的能動之力。

從另一方面看來，此能量是吾等之心。此乃超越一一的覺與想，能支配識，是在第四禪才顯現之心。如同稱古哲學的 sac-cit 為「物與力」，佛教的行（亦即心，cit）亦同於力。是故，煩惱是附著於心的「心穢」(ceto-kkhila)，其解脫是心解脫（ceto-vimntti）。入第四禪者的心是定是淨，是拂（samābite citte parisuddhe parijohāte)，其心能了知一切。如此清淨，又能了知一切，又能覺知自己淨行成就的主體，並不是某人或某意識，而是意識能動之根據的心（citta)。無量三昧、無相三昧、無所有三昧、空心三昧等皆是心本身的狀態，或真實狀，其應用雖不同，然其義無別，同樣都可歸於徹見心之本性。此見性見心即是吾等離脫之目的，吾等依覺想而從此心解脫，滅身口之行，進入心自在之狀態，所謂的涅槃，即在於心到達如此自在之境。亦即心一方面作為生死之主體，作為業因之負擔者，作為輪迴之因，以無常之姿而呈現，但另一方面，若探尋心之本性，則是超越此等的涅槃。無論能生起生死，或滅生死而入涅槃，都是心的實相真如。無須等待身體之死，心才得以進入覺想滅盡，其身一如往常的生活，但先滅身行，再滅口行，最後滅意行。在正受滅（saññā-vedita-nirodha）出入之間，心經常是其中心。

> 如是，其人之心如其先心而起……，如此而進入如真（yaṃ taṃ tathattāya upaneti）。

此如真之進行是生死之因，又是解脫之真相。後世的佛教視此心真如（tathā cittaṃ）為實在之第一主體，其因在此，《起信論》哲學之基礎也在於此。

如此看來，「行」一語是說明一切無常所成事物之管鑰，心即是貫串於其間的原理。佛教視一切因緣所成法（無論就十二因緣而言，或就五蘊而言）為無常、苦、無我，認為將此現象視為常住的，即是常見；對於執著為我的，說為渴愛，而所謂的渴愛，不外於就是無明，因此，應空去此因緣之法界、現象之世界。為達成此目的，故觀苦，考察集，而其結果是於此因緣法之根柢會見常住之光。就以此為力而言，說為「行」；就取之於己而說為「心」，而此心既是生死之主體，也與解脫有關。雖入無相三昧，然心仍存在，縱使進入四禪之最深處，此心亦不散。此心一成未改，即是生死，此心如真，即是解脫。

後世佛教的哲學認為此理乃是同一心之真如門生滅門，是煩惱即菩提之理，是凡聖一如，心即菩提。但對於原始佛教徒而言，如此的思想乃是不可解。存在於無常、無我、因緣、生滅之中的心若是涅槃，則此「心」與婆羅門的「我」有何差別。因於如此的迷惘，或偏於因緣無常之觀法而進入空觀的人，對於佛陀的教法僅朝此一方面發展，故有般若宗出現，其餘波還及於商羯羅，影響到吠檀多哲學。不作此空觀的人，則於緣起法中發展其實有論、心理論，有部的小乘、俱舍、唯識的學究的態度由此產生。從第六意識推進，於七識、八識乃至真如之說中，觀緣起法之所以，是從宗教轉向哲學所致。

不趨於如此的極端，而以離此二邊的中道為其理想，然此等人相信緣起法常住、法性常住（dhamma-ṭṭhitatā），雖未將生滅法全視為迷妄，但仍意圖於此之外，求一常住之體。佛教的矛盾在此，然其發展力，也在於此。

第三章　業因業果

觀察集諦，分析世相，所得的究竟相是：在形成人之生命，造作世相之活動的中心中，發見行之力。人生的苦惱憂愁乃至貪著愛染雖皆歸於無明與渴愛，然造作無明渴愛之生命的，即是行，此行之力若動搖心之活動的中心，即是心行（citta-saṅkhāra）或思身（cetana-kāya），亦即意志之力。此力是吾等得以活動之根本力，若用於無明，即成為貪瞋痴乃至百八煩惱；若流注於解脫，則可臻於泯滅想與愛的心解脫的自由之境。心並非貪著於一定之境，而是迷悟兼具，因此，此心若執持我見，作為六覺之主體而活動，則其力能維持個人的生存，是聯繫生死之主體。外界有色、聲等六界（dhātu），心與之相應，以六種觸（phassa）接觸外界，由觸生起感覺（亦即受，vedauā），由受生想（sāññā），有想故，以此為動機，生起決心（saṅkappa），隨從決定而生起欲望（chanda），相應欲望而生起熱（pariḷāha），熱情即是求（pariyesana），亦即努力。此即是吾等之心的活動，意志所趣是常朝善或惡，朝聖或非聖，朝明或無明等方向發展，心與外境內外相應，益發增長其傾向。人心隨其所好而發動六感，表露欲望而追求外界能與己相應的，欲念、瞋恚、害心不只能作有利其發動身心，又能造作與此相應的境界（dhātu）。以鄙陋為主（hīuādhimuttika）的心造作以鄙陋為主之境界，以善為主（kalyānādhimuttika）之心造作善界，如是，因於大小、善惡、勝鄙而導致信不信、慚無慚、精進不精進、多欲少欲等俱會和合（samsandanti samenti），因而造作因緣相求、因果相連之世界。此世界（loka-dhātu）是由人心之意志力造作與自家之欲相應的境界所成，因此，似乎是能以自由意志而變造，但一旦造作與此心境相應的生活，則其因緣相應之理必至而發動，依人之欲、業，以及依業而生之生存、生存之中所造的善惡及其果報，皆成必至之約束而有關連。於此因果連絡之間，形成業（kamma）因，產生其果（phala），果亦成為因，如此的業報（vipāka）相連，即是人生，吾等既有如此的生存，則其束縛不可免。因於其業之善惡淨穢，果報遂有白黑樂苦之別，雖然如此，但其因果必至並無差別。

其所造業非善，造之，而自惱，

流淚涕泣，受其業報。

其所造業若善，造之，不自惱，

喜悅快意而受業報。

此因果並非僅只一生，而是多生連續不已，無有終期，此於前文述說苦界現狀時，既已述之。對於輪迴於諸趣，佛教徒所述，看似空想，但上自天界，下至地獄，六趣多有變化，而此一大系統的世界是由此一心之力所成，就業報的道德約束而言，可說是思想史上的一大偉觀。若就緣起的探求看來，因果並非只限於自然界，而是也及於道德。若就實相的觀察看來，吾等無論造作身心的生活，或營造身口意之行業，可說都歸諸各自的性格，而其責任在於生存之根本的原本性格。亦即佛教的因果觀同於叔本華的世界觀，一方面，認為世界的存在是出自於人的意志，而因果連續的現象界乃是必至之境。在此必至之境中，吾等忌苦就樂，希求生天，趨避墮於惡趣，然而受累世行業所支配，經常是造作不思之惡，欲造之善卻不得行之。為忌苦趨避惡趣，故應止惡，欣求快樂而欲生天上，故應行善，然此善惡無非愛欲所產，其道德不脫以幸福為目標的範圍。惡趣固然應趨避，但樂地亦非真正自由之境，受業果必至之理所支配，從而仍是無常流轉。因此，佛教對於惡業之苦報的地獄其艱苦敘述甚詳，然亦指出天上仍有無常之哀，故應超越此等，以及因果業報之必斷。亦即因果之說於揭示緣起與實相之外，又策勵應臻於超越善惡的最高道德。

若慨嘆此生苦樂紛紛，及思及此必至之束縛，則須探求其因。若觀察業報之因，及思及無始（anamata）長夜（dīgharatta）之流轉，則應尋求斷絕之道。但若認為無始至今的因果連續，以及現今心境和合的生存只是無法脫逃之命數，則是屈從宿命定數。從此方面看來，佛教的人生觀似乎是一種宿命說，說是給予人心慰藉，不如說似乎強調放棄希望，指出無論拂去悲嘆之淚，或是抑制驚愕之心，都應以智慧靜觀。因此，對於人之死，佛陀所給予的慰藉，經常是揭示無常之理。

舍衛國王波斯匿悲嘆失其老母時，佛陀曰：

一切眾生終有死，有生皆歸死，
各各隨業，受德與罪之果，
罪業者生於地獄，福業者生天上。
是故造善，為未來積集。
於他界唯有福德從屬生類而存在。

此乃一般的開示，令知曉所歸著之處及生死之必至。此外，對於悲嘆者，其所述之心髓常歸於此下一事。例如令失其子而發瘋的婦人，遍尋天下無喪子之家，而後才徐徐為說生死之理，述說的方法雖異，但道理相同。因此，依如此開示而證悟者也不少。喪失六子，沉溺於悲傷，最後歸依佛陀的婆羅門尼婆四吒（Vasiṭṭhī）告白此間消息，曰：

> 我為子憂悶，心狂思想亂，裸身披亂髮，到處我徘徊。
> 塵塚與墓所，街路與大道，徘徊三年間，飢渴所煩惱。
> 偶見善逝佛，來至彌絺羅（Miṭhilā），為調不調者，無畏正覺者。
> 我得平常心，我禮拜著座，瞿曇垂慈念，為我說佛法。
> 聞法我得度，我為無家身，隨勵師之語，安穩證涅槃。
> 捨斷一切憂，此處應完成，應知一切憂，依因以生本。

而給予此尼如此開悟之力的，不外於四諦八聖道之教法。

如此看來，無論原始佛教，或末流的日本佛教，因果之說的宿命觀具有令人死心斷念之力。宿命之說似乎極為冷酷，但佛教結合此宿命觀，提出諸行無常之可哀，在觸動吾等的情緒上，有驚人的感化力。如此的教法或此種情緒其長短得失姑且不論，其感化實是深入人心，此依日本平安朝以後的文學，即可知之。此係就現在的人生下痛切觀察，又依長夜連續之必至而說明其因，加上苦樂給予吾等的影響、對於過去宿業的道德責任之自覺，以及與因果相關的知識方面的考察，因此，可以觸動人心的任何方面。

加之，若就佛教的因果觀而探索其道德意義，則可發現此中其實包含斷絕過去的因果連續，而超越現世苦樂禍福之理想。亦即因果的範圍是必至的約束，若不尋求與此相對的心解脫，則因果觀不能完成其道德意義。斷苦樂果報積集的第一步，是諸行無常之觀想，而心解脫之入門在於諸法無我之證悟。

第四章　諸行無常與諸法無我

一切現象是因緣所生，吾等的身心是五蘊集合所成，此一觀念是佛教的緣起觀，又是實相觀。依因緣而生，故從因緣而滅，五蘊聚集則有吾等之形成，散則吾等不存在。若探尋此因緣的成立，可以發現吾等因渴愛而執著，因執著貪欲而呈現行之力，依行之業果而營造我執的生活。苦界的成立無非此行業之緣起。因此，滅苦之理想因我執滅盡而可達到。亦即一切現象依因緣而成，因此是生滅，是無常。一切的我執生活若探其源，不外於五蘊集成，故其真相是無我執，是無我。不知此無常無我，故有苦，無常無我是諸法（現象）的真相，而證悟之，是修行之要諦。亦即集諦的觀察是揭示無常無我之理，據此而揭出斷離貪愛之道。

此處有泉，水清，岸有花香，然水中有毒。不知有毒，飲之者死；若知有毒，不為水清所欺者，可免於死。如是，人之身心於其基本（upadhi，譯為餘或有餘），以渴愛為因，依渴愛而成立。依渴愛而成立，故人視六感事物為可愛著，愛著

> 之，以此等色、聲、香、味、觸、法之美為快，視為無病，視為常住安穩，故渴愛增長，增長有餘之基本。基本增長故，增長生老病死及其他苦惱。此猶如飲毒水。若見渴愛是身心之基本，知六感事物是病，知無常變易而遠離之，可離渴愛滅苦。此猶如不飲毒水而免死。

五蘊同此，過去、現在、未來、內外、細麤、美醜、遠近等一切色無常變易，受、想、行、識亦同。如是，無常的五蘊其集成是無常，故作為其結果所生的我亦屬變易、非常住，是集成之產物，是故若無因緣，別無有體，故為無我。是故無常（aniccatam）與無我（anattā）是因緣所生的必然結果，一切諸行（亦即集成之法）無常，一切諸法無我。眾生不知此理，以無常為常住，故生愛著；以無我為我，故起我執。若知只是諸法集成，既不驚其生滅，亦不悲之，生滅不驚，無我執，無愛著，此中則無有苦樂。

> 觀色如聚沫，受如水上泡，想如春時燄，諸行如芭蕉，諸識法如幻，日種姓尊說，周匝諦思惟，正念善觀察，無實不堅固。

佛教的世界觀在於苦諦觀，觀察眾生為惡德所蔽之實相，進而轉觀集諦，探尋苦之成立，於成立的說明與緣起之分析中，獲得無常無我之真相，於此真相之中，苦滅此一理想自然開啟。亦即對於色等五蘊，如實了知其苦集，又了知其理想之滅以及至此之道而了知其味（rasa），即能知其過患（ādīnava），因知過患而遠離（nissaraṇa）之。雖然如此，但過患與遠離並非不相容之異相，同樣是無常無我之真相，亦即因愛著而以苦為過患，因了知其過患而遠離滅盡之。於無我無常的實相中，覺察苦痛是無明所致，因見其實相而到達滅盡之理想的，即是明。

> 無聞凡夫，不見聖人，不知聖人之法，不順聖人之法，不見善知識，不知善知識之法，不順善知識之法。觀色是我，我以色有，我中有色，色中有我。彼人於色變易、變異。彼人有色之變易、變異，隨轉色之變易而識生，彼人有隨轉色變易所生之恐懼及法生起，以心永盡而住。以心永盡故即驚愕、困惑、希望、取著而恐懼。……
>
> 有聞聖弟子見聖人，知聖人之法，善順聖人法，以見善知識，知善知識之法，善順善知識之法。不觀色是我，我以色有，我中有色，色中有我。彼人於色變易、變異。彼人有色之變易、變異，隨轉色之變易而識不生。彼人有隨轉色變易

> 所生之恐懼及法之生起，以心不永盡而住，心不永盡故，即不驚愕，不困惑，不希望，不取著而不恐懼……。

據此可知，無常無我的實相是因於一切諸法為因緣所生法，將此所生法視為苦惱，是我執渴愛所致，若斷絕渴愛，了知無常無我的實相即是法界真實相而不驚。此即稱為遠離（nissaraṇa），稱為涅槃。但說為遠離，並不是否定無常無我之實相，或視此現實的世界為寂滅的無，而是於生滅之中，見常住之相，於緣起直觀實相的寂靜心。

佛陀曾對迦旃延（Kaceāna）如次揭示因緣所生法之正見，曰：

> 有二種所依，亦即一般或說有此世界，或說無。若正觀察世界之集，則不能說世界為無，若正觀察世界之滅，則不能說世界是有。執著於事物，受其住地所繫束者，見世界為有，若不執著於事物，棄捨心之固守，遠離其住地所支配而不固守我。如此之人，見苦生則生，見苦滅則滅，不拘泥，不疑惑，不依賴他而自知。此即是正見。謂一切是有，此為一端，謂一切是無，又為一端。如來離此二端而說中道。依無明而行生，以下因緣相生而苦生。無明無餘而滅，則行滅，

以下因緣相滅而苦滅。

此緣起生滅之實相雖形成如實的法界，稱為如來之法，然不外於是此法界之實相。此實相無關如來出世或不出世，常駐常住，如來只是為吾等顯示此實相。

夫生者有死，何足為奇？如來出世及不出世，法性常住（dhamma-ṭṭhitā）。彼如來自知成等正覺，顯現演說，分別開示。

苦存在於無常無我的現象界，但若了知無常無我之實相，了知緣起因緣，則苦滅。而如來的教法可歸於是在揭示此實相，實相的法界常住。因此，若證入正覺了知之境，被凡夫視為苦界的法界，即是實相常住之真如，其內在為本來寂靜之心解脫。因此，生死之法界絕非虛無，但若拘泥於苦樂，將因法界之苦而苦，且嘆其無常。若了知苦及其成立，對於無常不心驚，成就無我之心解脫，則身命無盡，於法界中直現涅槃。此等教法可以總括成如次一偈：

諸行無常，是生滅法，
生而又滅，寂滅為樂。

第八篇
滅　諦
（解脫之理想）

Saddharma-puṇḍarīka, V.

Tathāgata eva tatra pratyakṣaḥ pratyakṣa-darśī yathā ca darśī teṣāṃ sattvānāṃ, tāsu tāsn bhūteṣn sthitānāṃ tṛṇa-gulma-auṣadhi-vanaspatīuāṃ hīna-utkṛṣṭa-madhyamānāṃḷvā. So' ham eka-rasa-dharmaṃ viditvā, yad uta vimukta-rasaṃ nirvṛtī-rasaṃ nirvāṇa-paryāvasānaṃ nitya-parinirvṛtaṃ eka-bhūmikaṃ ākāśa-gatikaṃ adhimuktiṃ sattvānām anur akṣamāno na saha eva sarvajña-jñānaṃ samprakāśayāmi.

妙法蓮華經・藥草喻品

眾生住於種種之地，唯有如來如實見之，明了無礙，如彼卉木叢林諸藥草等，而不自知上中下性，如來知是一相一味之法，所謂解脫相、離相、滅相、究竟涅槃常寂滅相，終歸於空，佛知是已，觀眾生心欲而將護之。

第一章　滅之第一義，現身之超絕

苦界成立的原因複雜，但總結而言，渴愛我欲為其中心。若滅此因，則一切惡德煩惱以及所有苦惱憂愁皆滅，得以解脫生死。亦即解脫之第一義在於我欲滅盡。不問外界是如何，若一心解脫，則此生無有苦樂；若捨離苦樂，則無貪欲瞋恚之擾亂。就此看來，滅諦最直接的意義，在於實行，屏絕心之動搖，從內心制御生活的唯心解脫。

此解脫的要點在於實行，而其根柢則須智慧之證悟。我欲渴愛出自不知吾等係五蘊所成，是無常無我，故須證悟此理，超越身心無常，求得常住之光明。那拘羅之父（Nakulapitā）慨嘆年老體衰多病苦，佛陀告曰：「應覺悟身弱，然心不弱」。而此覺悟依了知色受等五蘊非我，心不為五蘊變化所惱則可得之。

實行與證智是解脫之要點，對於病者，佛所作的開示最能將此呈現。比丘差摩（Khḕma）患病時，曾與諸比丘對談五蘊之理，從中可以看出比丘等顯然是嘗試從病苦中證悟唯心的解脫。諸比丘等以五蘊無我之理安慰差摩，對此，差摩答曰：

> 非色即我，我不離色；非受、想、行識即我，我不離識。然我於五受陰見非我、非我所，而於我慢、我欲、我使，未斷、未知、未離、未吐。諸上座聽我說譬，凡智者，因譬類得解。譬如乳母衣，付浣衣者，以種種灰湯，浣濯塵垢，猶有餘氣，要以種種雜香，薰令消滅。如是，多聞聖弟子離於五受陰，正觀非我、非我所，能於五受陰我慢、我欲、我使，未斷、未知、未離、未吐，然後於五受陰增進思惟，觀察生滅，此色、此色集、此色滅，此受、想、行、識，此識集、此識滅。於五受陰如是觀生滅已，我慢、我欲、我使，一切悉除，是名真實正觀。

具有如此思想，基於此一思想而堪忍身體病苦，超越現身苦樂，即是彼等的修行。因此，佛陀的大弟子平常於此等證悟中，修鍊心，縱使有病，亦將因此修鍊而戰勝病苦。「堅固三昧，三昧平等，觀察五蘊無常、諸法無我，棄捨苦樂。」如此所述，若就其言詞而言，可說極其平凡，只是冷淡之理談。對於今日的吾等而言，能否依如此理談而堪耐病苦，似乎頗有疑問，但對於平常行住坐臥屈伸俯仰之中，常觀念無常，累積觀知苦樂感覺往來之修行的佛弟子而言，依此證悟而解脫病苦並不是不可能。從佛陀或佛弟子對於病者常給予此類開示看來，至少可知佛教頗為強調應以如此的證悟作為解脫之基礎。

病苦的解脫雖只是滅諦之一例，但相對於其他宗教往往將病苦訴諸神明而施行咒法禁厭等等，佛教完全是從別途尋求解脫，此乃應予以注目之事實。一般人常將病苦視為無可抗拒之事，僅只仰賴藥物禁厭等，少有從精神方面著手，反之，佛教徒是從內心制之，意圖藉由證悟戰勝病苦。如是，證悟與修行乃是苦樂不驚，超越生死之所以，從解脫病苦一事可以窺見滅諦的超越現身之理想。

對於病苦，是以如此的證悟與解脫為理想的佛教，對於從內心所生的一切欲望、貪着、苦悶、瞋恚等等一切惡德苦惱，顯然不能僅以同樣的證悟解脫為其理想。依證知而斷絕貪愛而解脫煩惱者，恰如燈火油盡而自滅，又如無根樹自枯，苦惱的世界、如火熾燃的苦界應自滅。雖說為滅，但並不是世界就此滅盡消散，而是現前所見的苦樂貪著的世界泯滅，而得如此之滅者，即是解脫之人。排除身體的障礙，超越五欲塹壕，揭舉正法真理之旗，自此成為卸下一切重荷的度脫者。此度脫之狀態即是涅槃（nibbāna）。

心能制身而住，制御六種觸入，

心常靜之比丘了知到涅槃者。
於樂見苦，見苦如刺，
於不苦不樂之寂靜，也見無常者，
如此之比丘是能知感覺者，
了知此感覺，於現法中成為無漏，
於身體死後亦住於法，又不入於生而到彼岸。
能聞有為之理，了知此世及彼世者，
所願之事心亦不動，可厭之事亦不激。
不順又不逆此等，不破又不滅之，
了知無污無憂之道，自了知到彼岸。

說為煩惱滅盡，因此，涅槃似乎是消極的理想，但對於超越現身而到彼岸的人而言，世界之動搖、人生之苦樂本是如此，故不足以動心。恰如行走於炎熱之路，之後，沐浴於樹下涼風，以清泉涼水解渴者，其所得安樂不只是除去炎熱及渴水之苦，同此，涅槃之涼風不只是煩惱炎熱消滅的消極狀態。又如同度過惡鬼充滿及波濤洶湧的大海而到達安穩的彼岸，渡海一事並非只是消極的。是故，稱到達如此理想的人為到彼岸者（pāragata）。對於到彼岸的說明，從佛陀為赤馬天子的開示中，足以窺見對於此一理想，佛陀所施行的教化方法。

佛在祇園時，後夜，一天子赤馬（Rohitassa）現於佛陀面前，問曰：「世尊！頗有能行過世界邊，至不生、不老、不死處不？」佛告赤馬：「無有能過世界邊，至不生、不老、不死處者。」赤馬天子白佛言：「奇哉！世尊！善說斯義。如世尊說言：『無過世界邊，至不生、不老、不死處者。』所以者何？世尊我自憶宿命，名曰赤馬，作外道仙人，得神通，離諸愛欲。我時，作是念：『我有如是捷疾神足，如健士夫，以利箭橫射過多羅樹影之頃，能登一須彌，至一須彌，足躡東海，超至西海。』我時，作是念：『我今成就如是捷疾神力，今日寧可求世界邊。』作是念已，即便發行，唯除食息便利，減節睡眠，常行百歲，於彼命終，竟不能得過世界邊，至不生、不老、不死之處。」佛告赤馬：「我今但以一尋之身，說於世界、世界集、世界滅、世界滅道跡。……」爾時，世尊重說偈言：

未曾遠遊行，而得世界邊，無得世界邊，終不盡苦邊。
以是故牟尼，能知世界邊，善解世界邊，諸梵行已立。
於彼世界邊，平等覺知者，是名賢聖行，度世間彼岸。

如是，雖只擁有此六尺身軀，然心能盡世界邊際，能超越世界之生死流轉，乃是聖者之理想，稱如此之人為斷關之人（ukkhita-paligha）、度塹之人（saṅkiṇṇa-parikha）、超境之人（abhūḷ hesika）、脫防邏之人（niraggaḷa）、建法幢之人（panna-dhaja）、卸下重擔之人（ohitabhāra）。亦即斷絕無明，除去流轉，棄捨渴愛，脫卻五下分結、我慢、我見之人，簡言之，即是心解脫（vimutta-citta）之人。此一狀態的理論解釋暫且擱置，在實際的人生之中，屏絕動搖之世相，超越情欲之擾動的人，即可稱為聖者。佛陀於樹下修行，拒絕魔女誘惑之時，即是已臻此境的聖者，佛陀回答魔女之言，正顯示此一狀態。曰：

身靜寂，心善解脫，
無所作為，正念不動搖，
了知法，無分別之思，
心不亂，不動，又無惰眠。
比丘如是多安住，
渡五流，第六亦渡了，
如是，多禪思，欲想，
不至其人，遠離其人。

此處所說的五流，是指依五官之欲所產生的動搖，第六是指一切的感覺思想。亦即心不為外境所動，安住於自身清淨之狀態。心受外境影響而觸動六官，眼見色，耳聞聲，鼻嗅香，舌嗜味，身感觸，意想法，正念為之動搖，心為可愛相牽引，對於感覺的諸境或起貪著或起嫌忌，因而心退滅（cittaṃ pahaññati）。此即是束縛之狀態，是耽溺之境，即是遠離涅槃（ārānibbānaṃ）。反之，六官雖接觸色聲香味觸法，然不愛著此等，不動念慮，不受外物束縛，感覺雖起，然不增長且滅殺之，唯行正念。如是，即是滅苦，趨近涅槃（santike nibbāuaṃ），此即是心解脫之境。因此，如同僧佉哲學以神我脫離物質束縛的自在境（kaivalya）為理想，瑜伽的修行以心機能之止息（citta-vṛddhi-nirodha）為目的，佛教的心解脫是指此心得自由之狀態。就消極面看來，涅槃是指斷滅外境動搖之狀態，若用動詞表示，可以說是入滅（parinibbāyati）。雖然如此，但如先前所述，心作為心行，作為思身，是身心一切作用之本源，是五蘊之中心。然而心只是一切勢用之因，並非物質之因，因此，得其自由的狀態是超越此等束縛，是心之自證，是本心之實現。此心證的狀態不可與本體常住之見地混淆，就現象界而言，同於諸行無常，此心與無我之理毫無違和，心解脫的涅槃中，並無有我。雖然如此，此又非一切斷滅的虛無之境。

> 有二端之見，說為世界是有，或說為無。若如實知見世間之集，則不能說世間是無，若見世間之滅，則不能說世間是有。此世間完全受方便、取著、執持所縛。於此世間，心不入方便、取著、決定、執持、結使，不執，又不思為有我。如是，苦生則生，滅時則滅，不樂著，不疑惑，且不依他而能自知。

要言之，煩惱滅盡，斷絕諸漏的解脫涅槃即是超越現實的生活，然其實行則在現實生活中呈現，到達其境的聖者其肉身之生存仍然持續，然其心已解脫其束縛。彼岸解脫的理想是在現法中實現，不只能斷除再生之根本，又能在此生活中呈現其解脫自在。

如是，聖弟子滅盡諸漏，無漏的心解脫、智慧解脫於現法之中自我通達，實現之，成就止住，自覺「此生已盡，淨行已成就，所作已辦，不受後有」。

此乃是涅槃之總括。

第二章　滅諦之實現、涅槃之階段

雖經營現實的生活，但若入於心解脫之境，即是實現滅諦之理想的人。如此的人仍生活於此世界，然其人既已住於超勝之境。如此的涅槃界（nibhāna-dhātu）可分成二種，亦即有餘依（savupādisesā）與無餘依（anupādisesā）。修行者諸漏已盡，安住之，應作之事已告完成，證得自義，斷絕生存的束縛，於正智之中，獲得解脫的，即是聖者。雖已是聖者，然依其宿業所得之身仍有若干時間的存續，因此，其五官尚能感覺外境。雖有如此的五感，然毫無執著，好醜、苦樂，皆不拘泥之，因此，其心不再生起貪瞋痴等惡德。此即稱為有餘依，亦即此乃肉體生活尚存之狀態。若進一步，對於一切，不起任何感覺，獲得清涼寂靜，亦即生命的一切狀態皆告斷絕而脫離有無之境。此即稱為無餘依，亦即最後的涅槃之狀態，聖者身命終時，即是完全進入此一狀態。

> 漏盡心解脫，任持最後身，名有餘涅槃，諸行猶相續。諸所受皆滅，寂靜永清涼，名無餘涅槃，眾戲論皆息。此二涅槃

界，最上無等倫，謂現法當來，寂靜常安樂。

此乃最上解脫之理想。雖然如此，但得以到達此境，須經種種階段，於一生的修行中，未到達聖果最上位猶須再經若干生死才完成的人也不少。此乃佛教將聖果阿羅漢的階位分成四段，設解脫之狀態為七階之所以。首先就此七階的最下位作觀察。第一是隨信行（saddhā-nusārī）之人，尚未實現色無色之解脫，未證悟聖者漏盡之實驗，然而相信如來，敬愛如來，從其教法，修信、精進、正念、三昧與智慧。為身證涅槃，此人還須於現法之中修不放逸行。第二是隨法行（dhammā-nusārī）之人，如同信行人，尚未實證解脫，但漸次悟得如來所開示諸法而修信、精進等。如此之人亦須更修不放逸行。第三是信解脫（saddhā-vimutta）之人，雖尚未實證解脫涅槃，然已依智慧滅若干漏，對如來的信仰更為堅定。如此之人亦須更修不放逸行。第四是見至（diṭṭhipatta）之人，雖未實證解脫涅槃，然已依智慧滅若干漏，已徹透如來所開示諸法。如此之人亦須更進一步的修不放逸行。第五是身證（kāyasakkhī）之人，已實證涅槃解脫，超越色無色，以智慧滅若干漏。如此之人亦須修不放逸行。第六是智慧解脫（paññā-vimutta）之人，未實證涅槃解脫，亦未超越色無色，然已依智慧滅盡諸漏。如此之人無須再進一步的修行，此因諸色已盡，解脫自然可得。第七是俱解脫（ubhatohhāga-vimutta）之人，已實證涅槃解脫，超越色無色，以智慧滅盡諸漏。如此之人無須更進一步的修行。

如此的修行須一步一步往理想前進，隨其所趨進，堅守所聞真理，體達所守真理之真義，於心中體悟所達真理，鍛鍊所悟真理，依此鍛鍊，證悟最上的真理，洞見其奧。如是，洞見的智慧與諸漏滅盡相依相伴而成就完全的解脫。

從如此的聞法信心到達最上的洞見或獲得解脫之前，還須種種修行階程，因此，或有未達其最高階位之前，既已身命告終之人。身命雖盡，然修行之果不滅，若後世繼續前進，終將臻於圓滿。因此，關於生死與解脫的關係有四種區別。

滅諸漏而成為無漏，於現法中，獲得心解脫、慧解脫，住於其實現之比丘（亦即阿羅漢）其數不多。相較於此，較多的是，滅盡五下分結，於此世般涅槃，不退而生於彼處之比丘，此即是不還的阿那含（anāgāmī）。

又其數更多於此的，是三結滅盡，薄貪瞋痴的一來的須陀含（sakadāgāmī），此乃是還須再來此世一次，然苦已告終之比丘。

又其數又多於此的，是三結滅盡的預流的須陀洹（sotāpanna），此乃是決定不退而趨進三菩提者。

後三果主要是為到達涅槃而作準備之人（nibbāna-parāyaṃ arahatta-maggaṭṭha），而修行的究竟的理想，是證入阿羅漢聖位（arahatta-phalaṭṭha）。此乃是建立聖法幢之狀態，是無上究竟之安隱，是涅槃之實現。總之，一旦進行佛道修行，在如法的修行之中，若能住於不壞之淨信，念佛陀，念法念僧，則因於此念（sati），心將不起貪欲、瞋恚、愚痴。如此之人其心正直，達於正智，心隨喜，住於歡悅，身體安樂，雖住於兇險的眾人之中，亦不起兇險心，能入於法流（dhamma-sota），趨向涅槃。有關此等的階程，其名目的分類多少有所異同，但總括而言，無非是就四果所作的細分。因此，若與先前的七段的修行作對配，大抵如次所列：

	隨信行（saddhānusārī）	
	隨法行（dhammāusārī）	
預流	預流（sotāpanha）	
	七有（satta-khattu-pararma）	
	家家（koluṅkola）	
一來	一種子（ekabījī）	
	一來（sakadāgāmī）	信解脫
不還	上流般涅槃（uddhaṃsota-parinibbāyī.）	見到
	有行般涅槃（sasaṅkhāra-p.）	身證
	無行般涅槃（asaṅkhāra-p.）	智慧解脫
	生般涅槃（upahacca-p.）	
	中般涅槃（antarā-p.）	
阿羅漢	聖位（arahā）	俱解脫

對於此等名目以及分界，後世論藏家雖有詳細解釋，然筆者在此僅只述其略義。所謂預流，是指入法之流，亦即開始邁向涅槃之途。所謂七有，是指入預流之位，自此七生之間，生於人天後，才入真道之入；所謂家家，是指經二生或三世諸種之家後，才入涅槃之入，此等諸人雖已入流，然猶須再經數度生死。其次的一種子，

是指猶須一度受生，才入真道之入；所謂一來，是指以一種子的狀態再度生於人間之後，才入真道之人。其次的不還，是不再如此的流轉，已斷五下分結，生於阿迦膩吒（Akaniṭṭha）天。所謂有行，是指在此天上猶受行支配者，而無行則是指已無此一狀況者。所謂生般涅槃，是指生於更上一層之天，中般涅槃是指在梵天，其壽未盡而入滅盡者。可以說此等是就生於諸天者其所獲果報而作具體的分類，若依真正的悟道與入滅而言，此只是權宜之說。雖然如此，但直往成佛，未必所有人皆可就，真正的實現滅諦，實是難期，因此，先於此世種植善根（kusala-mūla），依其功德而生於諸善趣（sugati），如散花成種，發種而獲得新生命，可以說是依漸次開發佛種的思想而施設此等階程。善根雖有種種，然十善業一般人皆可修之，此一狀態即是隨信及隨行之修行。至於三學（戒、定、慧後文述之）則是出家行者之所行，亦即從信解脫至俱解脫之行。此等皆是善人所往之道（parisa-gati），行履此道，可得生天之果，乃是佛在世時，多數信徒的理想，其勢力至今仍及於南傳佛教，也及於日本的以生天為理想的佛教。就勢力之廣泛而言，生天的理想與業因業果之信仰乃佛教中的兩大勢力，雖然如此，但此畢竟非佛教原有的理想。因此，古典雖述及此等，然作為最高之理想，通常最後是揭示寂滅的涅槃，亦即證得與如來同一的阿羅漢。《善人往經》

將不還果的種種涅槃比擬為火花於落地之前，業已滅盡，或落地後滅盡，或延燒至綿類之後，或延燒至薪後，或延燒至山林後滅盡，而最高狀態的，是不再有如此的火花。

> 云何無餘涅槃（anupāda-parinibbāna）？比丘！行當如是：我者無我，亦無我所，當來無我，亦無我所，已有便斷，已斷得捨，有樂不染，合會不著。行如是者，無上息跡慧之所見，而已得證。我說彼，比丘！不至東方，不至西方、南方、北方、四維、上、下，便於現法中息跡滅度。

如此之入滅狀態可於生存時實現，然其完全實現則在此身生命已盡之時。如此入滅的聖者其神識不可求。度塹破關的心解脫比丘或如來之神識，縱使以梵天的神通亦不能求之（參照本書六七頁）。跋迦梨（Vakkali）比丘自殺後，魔欲求其神識，馳驅於黑烟中，然不能發見之。較此更為清楚可知的是，有關陀驃摩羅子（Dabba Mallaputta）之入定入滅。此比丘在佛面前入火定三昧，其時彼坐於虛空，身體綻放火焰，光燄照耀四邊，赤白青黃之焰圍繞其身，進而又有水出，於空中回轉後，水火皆收斂，其後恰如油盡，燈火熄滅，一塵不留的入於無餘般涅槃。佛陀讚其入滅，曰：

譬如燒鐵丸，其焰洞熾然，熱勢漸息滅，莫知其所歸。

如是等解脫，度煩惱淤泥，諸流永已斷，莫知其所之。

逮得不動跡，入無餘涅槃。

此中，最應注意是，對於佛陀之最後，對於師主之最後，對於聖者之入滅，佛弟子所見又是如何？《涅槃經》所載是此正覺者依序入於四禪，進而漸次入空處定（ākāsānañ-cāyatna）、識處定（vijñāṇañ-cāyatana）、無所用定（akiñcaññāyatana）、非想非非想定（nevasaññā nāsaññā yatana）。心解脫的狀態，如後文所將述說，是四禪、四無量、四識處之實現，佛教徒修此，即可經驗心遊離於虛空的狀態。亦即心謝去一切執著，斷除束縛，不再受其支配，脫離個人的存在而與無限合一的狀態。歌詠佛陀入滅的偈頌曰：

佛以無為住，不用出入息；本由寂滅來，靈曜於是沒。

不以懈慢心，約己修上慧；無著無所染，離愛無上尊。

所謂靈曜於是沒（pajjotassa nibbāna），即是入涅槃之正受滅，從中可以窺見相對於此動搖的世界，死之寂靜與涅槃之安穩的相關聯。雖然如此，但如此的入滅是否是完全的消滅？如來於其身滅後，是否還存在？此一問題關乎佛陀，更且對於各修行者的理想也是重要的問題，而此乃爾後佛教有種種派別的原因之一。

第三章　涅槃之實行

佛教以重視實行甚於理論為其特色。在揭示涅槃此一理想時，不只揭出有此理想，指出涅槃是如此寂靜之境地，更是指出應如此修行，於修行中，理想自然實現。若就世相人欲之泯滅而言，涅槃看似消極，然於人欲滅盡之間，積極的心解脫的自在之境自然呈現。因此，無須等待肉體之死而進入無餘涅槃，於現實的生命中，獲得心解脫的經驗乃是佛教修行要目。井水無論如何清冽，若只是觀望，並不足以解渴，汲之飲之，方始有作用。涅槃亦復如是，不直接實證，只知其理，絕非真正的聖者或阿羅漢。

身觸無餘絕對之不滅界，
依有餘離脫而成無漏，
正覺者說無憂離穢之道。

如是，於現法中實現涅槃，故心靜氣平的修行即是步步近於涅槃之修行。雖是依隨信行、隨法行進而入智慧解脫、俱解脫，然其第一步仍在於日常的行法之間。佛陀一日一食的修行即是不放逸之基本，不放逸是實行此等解脫之基本，從一日一食之訓誡進而推進至如此的解脫。亦即涅槃的實行無須遠求於高遠的其他世界，而是在日常的行住坐臥中，不放逸的實行之，於修行之中，證得涅槃，即身即可到達彼岸，到達究竟智。

如此的修行可分成四禪、四解脫、不動道等項目，而其結果則是三明六通。雖然如此，但此等的修行與結果並無二致，隨著修行，其結果自然呈現，其結果又有助於完成修行。

首先就可至漏盡聖位之修行，以及實現涅槃時的心的狀態述之，最為清楚呈現的是，禪（jhāna）的四種階段，其預備工作是排除五障，而其結果是三明成就。先就五障之排除見之：

> 修行者住於世，棄捨貪欲，住於貪欲滅去之心，心離貪欲而淨。棄捨瞋恚，住於無瞋恚之心，親善一切眾生，心離瞋恚而淨。棄捨疎懶惰眠，消滅疎懶惰眠而住，能得明知、正念、正智，心離疎懶惰眠而淨。棄捨高慢，住無高慢，內心寂靜，心離高慢而淨。棄捨疑惑，度疑惑而住，於無遲疑之善法中，心離疑惑而淨。

據此看來，五蓋之排除不只是消極的修行，於退治惡德之外，也有善德之增進。棄捨貪欲之心是指不沉迷貪著外物。退治瞋恚之心、嫌忌之情乃是長養愛慜心之所以。排除疎懶，知見則得以呈現；抑制惰氣則正智生。棄捨心之動搖而不懷慢心、悔悼之情，心自然得以寂靜平穩；斷除疑惑躊躇，即是善法增進之所以。因此，在排除五蓋的修行之中，佛教徒能獲得增進善德明智的經驗。

> 彼棄捨此等五蓋，了知心之穢，了知弱心之穢，斷欲，斷不善法，到達有分別，有思慮，依遠離而生的喜悅安樂之第一禪而住。
>
> 又彼靜分別思慮，潛心，心集中，到達依無分別無思慮之三昧而生的喜悅安樂之第二禪而住。
>
> 彼捨離喜悅，離欲，住於正念正智，正念，住於安樂，到達第三禪而住。
>
> 如是，彼捨樂又捨苦，除去先前的喜悅與憂慮，不苦不樂，到達捨離正念所淨之第四禪而住。
>
> 如是，心定，淨，拂，無障，去穢而柔輭、濶達、確立，無動搖。

若入此狀，心呈清淨透徹，知三世，通宿命，得天眼，脫離個人、彼我之隔閡，透見人間一切善惡。此等通力其所歸著，是為令自己精神清淨而臻於漏盡。入此境時，心中無任何外物，自我充滿，恰如滿水之鉢，不再容水一滴，又如山間湖水為其底湧出清水所充滿，四邊上下透明清淨，涼味洽於全湖。據此可知，佛教的究竟理想的無餘涅槃，並不是消滅的狀態，而是極致的心清淨，從而又無須等待死後，是於此生活中可以實現的狀態。因此，四禪三明具足之人遂被讚為佛陀，其言曰：

> 敬禮專心持戒，善慮而禪思之人，
> 此人之心得制御而集中，而得善定。
> 如此驅暗之賢者，是得三明而脫死之人，
> 稱此為捨離一切之人，是天、人之友。
> 敬禮成就三明，棄捨愚昧而去，
> 住於最後身命之佛陀瞿曇。
> 了知前生，見天上與墮處，
> 如是，到達生之滅盡，住於知通之寂者，
> 依此三明而行者成為三明之人，
> 稱此人為三明之人，不能以其他言語表述。

亦即若諸漏盡，心歸於其本性，得本來的清淨，則得三明之通力，又行業之果報盡，故可入涅槃。因此，滅諦的修行著重於修鍊

此心之清淨，無論稱為瑜伽，或稱之為禪，皆著重於此方面的修鍊。故與四禪相輔相助的，是心解脫之修行。

所謂心解脫（ceto-vimutti），簡言之，是自由的心，是脫離貪、瞋、痴所支配的修行，又是其脫離之狀態。將此分成四項，即是所謂的四解脫，然其義無別。但為說示之，又為依序實行而分成四項。所說的四項，是指無量（appamāṇā）、無所有（akiñcaññā）、空（suññatā）、無相（animittā）等四項。

所謂的無量心解脫，是指心馳騁於有限的束縛之外，與無限合而為一的修行，簡言之，是同情的無限擴大。

> 以具有慈愛（mettā）之心，擴充於第一方，又擴充於第二方，第三方，第四方，上下縱橫，一切方所，弘大，無量，以無怒無憤之慈愛心遍於一切處，擴充於一切世間而住於無量。
>
> 同此，以憐愍（karuṇā）心、喜悅（muditā）心、平靜（upekkhā）心，擴充於一切處，住於無量。

所謂的慈愛心，是指不以已心為特立之心，而能與他人之心交融，亦即深厚的同情。藉由此心，將諸方的眾生含括於同情之中，心無憤怒嫌忌之情，故能悲憫他人的惡德惡心，為彼等流下同情之淚，此即是憐愍心。雖然如此，但憐愍並非只是悲哀而已，而是以慈愛包容之，憐愍他人，而彼等終將受此誠心感化，融合於誠意與慈愛之中，進入彼我一體的生活中。此希望實現時，即是大喜悅之心，依成就憐愍，心得無限喜悅，且與一切眾生共。如此無限擴充之心，其深遠弘大如大海，且能得無動搖無痴疑之靜穩安泰。

如是，心遊於無限，藉由同情而與眾生共同生活，則不拘泥、不勞於彼此我他之別。四無量的修行中，自然可以趨進於實現無相之心解脫。亦即超越意識與感覺之別，處於無任何事物的無所有地（akin caññāyatana）。將此無所有心應用於「我」之上，即是無我之證悟，了悟並無相對於彼的「我」及「我所」，此即是空（suññatā）的狀態。如此的證悟諸法無我，諸行無常，不拘泥於生滅諸法之往來變化，不為變幻出沒所動，如此的狀態即是無相（animitta），此即是棄捨一切諸相的觀念三昧。如此的棄捨一切諸相而脫離色無色、想非想之境，即是究竟解脫。

與此四解脫平行的修行，又有不動道（ānejjasappāya）。所謂不動，是指見一切生存無常，對於死後的生命，心亦不為所動。亦即對於現在的生存，斷種種欲望，進而為斷對於未來的一切欲望，心與無限合而為一：

我可得大心成就遊，掩伏世間，攝持其心。若我得大心成就遊，掩伏世間，攝持其心者，如是心便不生無量惡不善之法，增伺、瞋恚及鬪諍等，謂聖弟子學時為作障礙。彼以是行、以是學，如是修習而廣布，便於處得心淨。於處得心淨已，比丘者或於此得入不動，或以慧為解。彼於後時，身壞命終，因本意故，必至不動。是謂第一說淨不動道。

復次，多聞聖弟子作如是觀，若有色者，彼一切四大及四大造，四大者是無常法，是苦、是滅。彼如是行、如是學，如是修習而廣布，便於處得心淨。於處得心淨已，比丘者或於此得入不動，或以慧為解。彼於後時，身壞命終，因本意故，必至不動。是謂第二說淨不動道。

復次，多聞聖弟子作如是觀，若現世欲及後世欲，若現世色及後世色，若現世欲想、後世欲想，若現世色想、後世色想，彼一切想是無常法、是苦、是滅，彼於爾時必得不動想。彼如是行、如是學，如是修習而廣布，便於處得心淨，於處得心淨已，比丘者或於此得入不動，或以慧為解。彼於後時，身壞命終，因本意故，必至不動。是謂第三說淨不動道。

復次，多聞聖弟子作如是觀，若現世欲想、後世欲想，若現

> 世色想、後世色想及不動想；彼一切想是無常法、是苦、是滅，彼於爾時得無所有處想。彼如是行、如是學，如是修習而廣布，便於處得心淨，於處得心淨已，比丘者或於此得入不動，或以慧為解。彼於後時，身壞命終，因本意故，必至不動。是謂第一說淨無所有處道。
>
> 復次，多聞聖弟子作如是觀，此世空，空於神、神所有，空有常，空有恆，空長存，空不變易。彼如是行、如是學，如是修習而廣布，便於處得心淨，於處得心淨已，比丘者或於此得入無所有處，或以慧為解。彼於後時，身壞命終，因本意故，必至無所有處。是謂第二說淨無所有處道。
>
> 復次，多聞聖弟子作如是觀，我非為他而有所為，亦非自為而有所為。彼如是行、如是學，如是修習而廣布，便於處得心淨，於處得心淨已，比丘者或於此得入無所有處，或以慧為解。彼於後時，身壞命終，因本意故，必至無所有處。是謂第三說淨無所有處道。
>
> 復次，多聞聖弟子作如是觀……必至無想處，是謂說淨無想道。

如是，修不動、無所有、無想等，但若安於此不動，執著無想為有而執著（upadīyamāno upadīyati）之，則不能真正得般涅槃。無執著於般涅槃（anupādāno parinibbāyati）才有真正的解脫、無執著的心解脫（anupādā oittassa vimokkho）。此境即是真正的聖位、阿羅漢、不滅之境。

此上所揭的種種修行其發足端緒雖然有別，然其所歸完全是漏盡涅槃之狀態。因此，對於以此等修行所到達的最後狀態，皆以同一文句表述。

> 滅諸漏，淨行成就，所作已辦，卸下重擔，了達真義，生存之繫縛滅盡，依正知見而解脫，比丘成為聖者阿羅漢。

此即是佛教修行的理想，達此境者，一般稱為阿羅漢，又作為如實修行的聖者而被稱為如來。作為解脫一切迷情，到達真諦之人，皆被稱為覺者佛陀。

> 無著第一樂，斷欲無有愛，永捨離我慢，裂壞無明網。
> 彼得不移動，心中無穢濁，不染著世間，梵行得無漏。
> 了知於五陰，境界七善法，大雄遊行處，離一切恐怖。
> 成就七覺寶，具學三種學，妙稱上朋友，佛最上真子。
> 成就十支道，大龍（象）極定心，是世中第一，彼則無有

愛。

眾事不移動，解脫當來有，斷生老病死，所作辦滅漏。

興起無學智，得身最後邊，梵行第一具，彼心不由他。

上下及諸方，彼無有喜樂，能為師子吼，世間無上覺。

第四章　涅槃之究竟相

佛教將煩惱滅盡視為修行第一要諦，故其涅槃的理想亦著重於實行的方面，自始就不是以論理的方式闡明其究竟相。我執滅盡即是心解脫，於心解脫之中，表露無量無限的慈悲；於同情之中，與一切融為一體。所謂的究竟安隱（accanta-yogakkhema），所謂的依身而觸於不滅界，皆是此融合之實現。因此，涅槃的實行是在當下的生活中得以獲得的心證經驗，其內容是徹透心底，顯現心的本來面目。以集諦所見的一切諸行根柢的心，將依涅槃的實行直接成為實行的宗教經驗而呈現。

從實行看來，此心解脫之狀態即是現實的煩惱皆泯的寂靜之心。此心同時又是五蘊所作之本源，因此涅槃又是客觀的斷絕現實的差別現象、物心動搖的究竟微妙之相。是無為（asaṅkata），是屏絕有為之轉變；是不屈（ajajjara）、不動（dhuva）、不死（amata），安隱（khema）、清涼（santa）之境，是彼岸超絕（parāyana）之真實（sacca）。處於此間，「風不吹，流亦不流，有胎不生，日月亦不出沒」。簡言之，即是無為（asaṅkata）。然此無為並非只是息止，「若無不生、無不成、無無作、無無為，則無生、成、作為之根據。」亦即無為涅槃是一切生滅最深之根柢，是一般哲學所說的真實實在。

極其重視實行的佛教，仍有必要揭示此究竟的實在究竟是何等情境？依一定之言說而墮於有無的任何一邊，或偏於涅槃，雖非佛陀所好，但對於尚未得其境者，仍須以某等方式略示其真相。

佛陀借用古來印度思想中，被視為最高實在的梵天思想，指出涅槃之殊勝實超越梵天。亦即依據《典尊經》（Mahāgovinda）所載，典尊認為種種修行所得的最高理想是生於梵天。彼弟子等皆是如法修行之行者，然其道實非究竟之道，其理想實非究竟安隱之涅槃。佛陀雖然沒有指出何以梵天非究竟，也沒有指出何以涅槃能超越梵天，但顯然佛陀是為滅除當時對於梵天生天之信仰的執著，故特別推獎超越差別的涅槃。

更明白含有此意涵的是，「雜阿含」的《邪見經》（Aparādiṭṭhi）。某一梵天眾生起邪見，認為世上並無超越梵天的常住者，又無有能生於梵天者。佛陀知其所思，故忽然現其姿於梵天頂上，空中結跏，住於火定，佛的大弟子等知之，亦上昇天上，環繞如來而坐，大目揵連在如來之北，大迦葉在南，大迦葉在西，阿那律在東。乍見此景，梵眾驚嘆曰：

先前起彼之見，今無彼之見，
今只見梵界光明被蔽掩，
自此以後，我不說常住不變。

弟子等告梵天曰：

具三明，得神通，了知他心的漏盡阿羅漢，
如此的佛弟子其數甚多。

類此的記載，亦見「中阿含」的梵天請佛。大梵天婆句（Baka Brahmā）自以為其境界常住不動不老不死，故出離之理想無過於此。佛陀了知其心，忽然現於梵天世界，為彼宣示梵天之常住非真常住。此時惡魔寓身於某一梵天眾，叮囑婆句應防護自信。佛陀遂叱咤惡魔，指出梵天及梵眾未脫死之束縛，唯有佛陀才真正了脫，住於真實之常住。因此，梵天欲與佛陀較力，自隱其形，然始終不能逃脫佛陀眼界。反之，佛陀隱其身形時，梵天則無從發見。隨後，佛隱形發聲為梵天說法。

另有其他類此之記載，亦即一比丘欲確知是否有一物質四大不滅之處所。彼遍歷宇宙，歷訪諸天，四處探求，皆無法獲得完全的解釋，最後昇至最高天之梵天問及此事。梵天其尊嚴威力宇宙無比，是眾生之父，造化之主，然亦無法回答此問，遂白比丘曰：「知此事者無非如來，世尊今在舍衛國祇園，應往而問之」。比丘來到世尊座前，佛陀為彼揭示無一切長短、大小、麤細之處，亦即於超越相待之境、絕名色斷個性之處，識滅無人我之處中，四大亦滅之理。

佛陀所揭其哲理可說同於叔本華所說的現象界之超越在於斷滅意志，其根本在於認為一切實有之根本在於心的本性，一切現象皆是此心動搖與波瀾所成。而此超越現象之本體界、心解脫之自由境勝於從來婆羅門教學中被視為最高之梵天，雖然如此，若收之，實歸於己之一心，此寂靜之一心足以含括一切天界。若是如此，如何見此最高無為之境？從對此所作的解釋中，可以窺出佛教三大流派其根源。其一是空觀方面，此係認為於斷滅一切差別相之處，有最高的涅槃，而其實行主要在於禪修。其二，入於相待差別之根本，觀察諸法實相之妙境，此係將佛陀的智慧教化視為主要。其三，強調先前所述的生於善趣之理想，藉由對於佛陀的崇信，直入真正之證悟。以下將稍就此三流之起源與特色述之。

第五章　般若、空觀之悟道

涅槃之境地極其高遠難見，此乃超越彼此之相，屏絕一切言語之境。若借用世間語言說之，恐有失其純真，近於迷情之憂。佛教認為業因業果、因緣成立之理乃世間真相，然涅槃之境因緣尚無，何況六界六觸？四諦是佛教所說的證悟之第一義，但對於滅諦既現，已解脫苦集者，四諦亦無其用處。四諦、十二因緣之說，對於此現實的世間而言，皆是真理，但涅槃完全超越此現實。因此，此等教法只是引導吾等向上的真理，並非究竟之真相。

對於涅槃的觀點，若只朝此超越的方面發展，則其所述將是否定一切世相，可說是極其消極的。因此，涅槃無法當作教理而揭示，而是應依禪定止觀之實行，以內證的方式證之。

> 此中無生，無老，無死，無滅，無生，如此之境非步行能到，又不能揭示，不能顯現。
>
> 此中無地水火風虛空，此世彼世、日月亦無。不可稱為往，不可稱為去。非堅住，非生起，非纏綿。

此中水地火風皆不固定，

流亦不流，事亦不起，

此中，名色滅而無餘。

不可見，無量輝耀於一切處之識，

此中，水地火風亦無固定，

長短、細麤、淨不淨與名色滅而無餘，

識滅則此等皆滅。

如此的否定一切，其所餘者，只有無記（avyākata），只有默（mona）。此默若消極的否定其一一之相，則其否定將有無限延長的性質。

此中，水地火風亦無固定，

此中星不閃，日亦不照，

此中無月照，又不見暗，

寂者依此自知、寂默而成為智者，

如是，脫離色無色與苦樂。

若開展如此的寂默，將是從所有方面否定世相，空了一切，僅只於離一切諸相之處有如來之智。《金剛經》（Vajracchedikā）等般若經典其所揭示的，即是如此的一切皆予以否定的智慧（亦即般若prajñā），後世的三論家是理論性的組織此一主旨，而禪則是意圖於止觀之中實驗此般若。

般若諸經的大旨在於一切皆空，而此皆空之教，可以說也是根本佛教的立足點。五蘊所成之法或六入所感之心法是一切無常、無我，從而又是苦、空，此乃佛教最顯明之旗幟。巴利「相應部」第二十二品及三十五品所揭正是此說，佛陀從所有方面引導其弟子證悟無常、無我與苦，勸勉應由此推進道行。色、受如泡沫，想如炎焰，行如芭蕉，識似幻（參照本書一八〇頁）之說，是其總括，又是般若諸經之歸結。《金剛經》之卷末曰：

> 一切有為法，如夢如幻影，
> 如露亦如電，應作如是觀。

「如來所說諸經深遠，以深遠為境，超絕世間而說空（saññatā）」之說，乃是佛教一以貫之的表述，外道等稱佛陀的修行悟道為「空慧解脫」（suññagāra-hatā paññā）並非偶然。

如此偏向空觀方面發展，而表現出特別傾向的，是佛陀弟子中偏向空觀的人。若此人乃是般若經典主要人物的須菩提（Subhūti），則空觀應是出自其派下。巴利佛典中，須菩提其名及事蹟並不多見，若有言及，常以禪定者、靜坐思惟之人出現。亦即在「增支部」所列舉的諸大弟子中，彼被稱揚為森居第一，在「優陀那」中，載有佛陀見其林中靜坐而予以稱揚之偈，曰：

彼屏絕思慮，心內棄捨分別而無殘餘，
住於無色想，超越繫縛，住於心定而不思及生。

而《長老偈》收有須菩提自詠雨中靜坐之偈頌。據此看來，弘傳巴利佛典的部派與須菩提的關係雖然不深，但仍承認彼喜好靜中禪坐，長於無色觀、空觀。

在漢譯的「阿含經」中，須菩提仍是作為空觀之人，且更為顯著。「中阿含」的《無諍經》（昃七之一五左）即相當於巴利「中部」的一三九經，但經中收有巴利所無的稱揚此人之偈。偈曰：

如法如真法，須菩提說偈，此行真實空，捨此住止息。

「增一阿含」中，此一消息更為明白。在第十三品第七經（仄一之二四）中，病中的須菩提白帝釋天曰：

法法自生，法法自滅，法法相動，法法自息，……法法相亂，法法自息，法能生法。……如是一切所有皆歸於空。無我、無人、無壽、無命、無士、無夫、無形、無像、無男、無女。

在第三十六品第五經（戻二之四四）中，須菩提見波斯匿王所造作佛像，如是思忖：

此如來形何者？是世尊為是眼、耳、鼻、口、身、意乎？往見者復是地水火風種乎？一切諸法皆悉空寂，無造作。如世尊所說偈：

若欲禮佛者……皆悉觀無常……

當觀於空法……當計於無我……

此中無我、無命、無人、無造作，亦無形容有教有授者。諸法皆悉空寂。何者是我者無生，我今歸命真法之聚。

如此的言說，可以說完全是般若空觀之呈現，同於《金剛經》所揭的佛陀曉諭不可以三十二相見如來。其時佛陀告須菩提曰：

若以色見我，以聲求我者，

皆是陷於迷妄者，彼等不能見我。

佛陀應依法而見，導師以法為身，

然法性可知，又不可知。

般若空觀如何萌芽於根本佛教之無常空觀，又於此空觀之發展上，須菩提是何等重要人物，依據此等材料足以顯示之。其詳細的傳統以及發展徑路雖無從了解，但須菩提與空觀的關係無可否定，而根本佛教也有現象斷滅之一面，此徵於集諦與滅諦之教法即可知之。從此空觀後來有種種發展，留下種種感化看來，此一方面的佛教生命亦有其應予以驚嘆的方面。

第六章　諸法實相與本來的佛性

涅槃的思想中，含有空觀，此乃不能否定之事實，但空觀不外於是在破除差別，然而在中道之開顯上，終究不允許只執著於此一方面。般若佛教執著於消極的一面，不僅無視於一般人的精神要求，又背離佛教之理想的不滅之路，背離常住的光明此一方向。般若空觀著重於彼岸，傾向於寂滅相，看似明快的揭示涅槃之究竟相，然其中心仍未脫彼岸與現世之相待，其空觀意圖空了一切，卻不免有拘泥於現相之嫌。

不具如此偏見，而意欲揭示涅槃滅諦的真相，揭示佛教最終理想的眾生成佛之道者，必須從諸法的實相中探求滅諦其真義。如先前（第二篇第一章）所述，諸法實相之理是佛教傳承自婆羅門哲學的根本思想，而佛陀是親身體現此實相者。如來雖已徹見此世界的真相，已到達滅諦，然仍隨順諸法實相。如來作為師主，雖轉法輪感化吾等，但也隨順諸法實相。又吾等應佛教化，如真修道，如實悟法之所以，是因於眾生的本性有此佛性，而此不外於也是隨順諸法實相。世界的真相不可求諸外界，又不能以抽象理論闡述之，只在於從如來見此人法一如，信此如來之菩提，而自己亦得以體得如來的智慧。亦即佛教思想其最醇乎的方面，是朝此一方面發展，信如來即是如來，而於如來所實現的人法一如，洞見世界的真理。此思想潮流，如先前於第四篇及《現身佛與法身佛》（第七章）所述，是根本佛教之所趨，最後呈現於《金光明經》（Suvarṇaprabhā）與《無量義經》，以及總括大成此等的《法華經》（Saddharma-puṇḍarīka）中。今主要依巴利經典以及大乘經典所載，略述其內容如次：

《法華》一經的眼目在於基於如來所呈現的「人法一如」此一事實，揭出如來具有貫通三世的久遠壽命，光被萬有，作為潤澤諸法的智德之體現，將一切眾生的如是實相統括於其中。而如此的如來是在現前的師主中呈現，因此，吾等以對此人之信為根本，於與彼融會之中，諦觀一切的如實相，又諦觀自己的本性。因此，無論說為眾生成佛，或說為一念三千，主要還是藉由對如來的信而自己體現如來智。因此，《法華經》的要旨其一在於「藥草喻品」，此品詳述如來隨順諸法實相而施弘化之力用，另一在於「壽量品」，此品揭示此如來於其久遠以來的壽命中，不斷施予感化。至於其他諸品則可視為是圍繞此二者的解說或註腳，此二者之中的隨順諸法的弘化力用亦應歸著於本性久遠的如來。《法華經》並不是抽象的述說久遠的如來，而是就出現於現世的佛陀揭示其永遠之本性，更且意圖開顯一切眾生的此一本性。

觀世相時，應從生老病死的無常流轉之中，見如法的實相。如來悟此諸法，如實不虛，從義而說之。而此法是三世諸佛一貫的真如法，此如先前所述，乃是佛教的根本信條，《法華經》的「序品」在述說釋迦出世本懷時，是以過去的日月燈佛（Dīpaṅkara）與將來的彌勒佛（梵 Maitreya，巴 Metteya）作為代表，揭示此三世一貫之理。如是，作為三世一貫的諸法實相的常住生命之代表，為完成於此世間教化而出現於世的佛陀其內證智慧深遠不可測，因此用所有的善巧方便，揭示諸法如實之相。

如來了知一切世間，為眾生開顯其理（第四篇第三章）。此了知與開顯是成就如來的根本要素，若缺其一，另一則失其意義。因此：

> 佛所成就第一稀有難解之法，唯佛與佛乃能究盡。諸法實相，所謂諸法如是相，如是性，如是體（如是力，如是作，如是因，如是緣，如是果，如是報，如是本末究竟等）。

此諸法實相是三世諸佛一貫的真理，可遍用於一切眾生，是一乘法。如來在開示時，於知悉其真理的真實義之外，又計其可開示之程度，見其時，因應對手而盡隨宜之妙。因此，了知與開顯是成就如來的要素，而開顯說示之善巧方便（upāyakauśalya）乃是其力用不可欠缺之妙用，《法華經》的「方便品」對此給予說明，其「譬喻品」（Aupamya）與「信解品」（Adhimukta）則詳述其動機與慈悲，隨後轉而揭示在此開顯、方便與慈悲之根柢的人法一如之力。

揭出如來方便教化之目的與方法之後，進而揭出其教化之力。教化（亦即如來之智德）出自與眾生的根本關係，基於諸法實相，如來掌握此實相，基於實相而顯現教化眾生的妙用。因此，予以闡明，即是闡明如來出世本懷之所以。「藥草喻品」（Ausadhi）所揭，即是此智德之廣大感化及其基本的人法一如，所以是迹門的中心。

藥草喻是將一切眾生比喻為大中小各種草木，而如來智德之作用被譬喻為潤澤之雨。三千大千世界中有種種草木，或小葉小根，或中葉中莖，或大枝大莖，各具種種色，開種種花。然密雲一旦瀰天，雨水沛然傾注，所有草木各應其分，從其性質，獲得水之滋養。所注之雨是一味（ekarasa）之水，然所開綠葉花卉各異（pṛthak-pṛthagnānā-nānā）。如來廣大的感化也是如此，其法雨潤澤天人阿修羅等一切眾生，遍於三千大千世界，而眾生各各從其所聞獲得法喜，得現世後生之安樂。

此譬喻之構想誠然雄大，又是極其自然，當佛陀決心向眾生布教時，曾以水中種種蓮華比擬眾生的種種機根。曰：

> 恰如或稱為優鉢羅（uppala），稱為波頭摩（padnma），稱為芬陀利華（puṇḍarīka），有種種蓮花。此等或生於水中，長於水中，沉於水中，養於其中；或生長水中，出水面，或生長水中，出於水上，不為水所污。此恰如佛眼所見世間，眾生或有少污，或有多污，或有制御感覺，或有耽於感覺，或有善性，或有惡性，或有悟多，或有悟少。云云

如來見如此種種的眾生而決定予以教化所發出的勇猛心，從其一生布教之事實即可證明，此於前文既已述之。尊佛陀為師主，弟子等眼中所見的——對眾多聽者施以懇懇教示的師主，恰如眾星所圍之月，而種種的信眾恰似池中蓮華的紅白綠黃相映。佛陀自布教之伊始，其佛眼見種種眾生猶如池中蓮華之說，並非空穴來風，此從其一生五十年的弘化此一事實即可知之。被四眾弟子圍繞，猶如堂堂之王者，又如星中月，感化一切眾生的事蹟並非偶然，其因在於如來已了知諸法實相，且能掌握之，支配之，而依其人格之力顯現此實相之性相與力用。是故，「藥草喻品」以此譬喻的實質為理

而說曰：

> 如來是諸法之王，若有所說皆不虛也。於一切法，以智方便而演說之，其所說法，皆悉到於一切智地。如來觀知一切諸法之所歸趣，亦知一切眾生深心所行，通達無礙；又於諸法究盡明了，示諸眾生一切智慧。

佛陀是如此的通達一切諸法，又隨順如此的真相，令一切眾生到達同於如來的如此真實之明知，如來是真理之體現，故信其人者可見其法而通達真理。如來所說如雨水之一相一味，三世不渝，若究一切諸法之如是實相，眾生聞之，且能執持之，則各各應其分而有所得，終究可到達與如來同一之證果。此因如來了知一切眾生本性，通達實相，會得其思念、修行、力量，故能令眾生萬物各得其所。

若是如此，佛的諸弟子及佛滅後的娑婆界眾生是否可到達一切知地？如來其肉身滅後，將以何等方法教化眾生？就《法華經》而言，此等乃是重要問題，但有關此等暫且擱下，首先就如來若有如此教化眾生之妙用，則其人具有何等形而上的基本？若就現實的師主而見，佛陀只是一位生於王宮，於伽耶城成就佛果，在鹿苑轉法輪之人。然其人今已明瞭諸法，通達諸法歸趣，完全呈現人法一如，又依其力用接引他人入於諸法如實之境。如此之事豈可視為偶然。若諸法實相不虛，非假幻，則一切實相必是常住，體現此法的如來亦應常住。

> 夫生者有死，何足為奇？如來出世及不出世，法性常住（dhamma-ṭṭhitā）。彼如來自知成等正覺，顯現演說，分別開示。

此與「方便品」中，佛陀所說：

> 是法住（dharma-sthiti）、法位（dharma-niyāmatā），世間相常住（nitya-stithā），於道場知已，導師方便說。

相同，都是揭示法與人之一如。此人或法皆為常住，因此如來不只是現前以人身出現的佛陀，不只是抽象的以法為界，以法為身的自然自爾的法則，而是如同法之真理，具有教化引導之力，而開示之，此乃久遠以來不變的如來之妙用。因此，「從地踊出品」（Pṛthivī-vivara-samudgama）中的佛陀指出伽耶成道的自己又是三世永遠的如來，曰：

> 我今說實語，汝等一心信，我從久遠來，教化是等眾。

「如來壽量品」（Tathāgata-āyuṣ-pramāṇa）所揭即是此久遠（ciraṃ）以來的大消息，此前被視為現身教化的佛陀，自此成為久遠以來常住教化之如來。

> 自我得佛來，所經諸劫數，無量百千萬，億載阿僧祇，常說法教化，無數億眾生，令入於佛道。
>
> 爾來無量劫，為度眾生故，方便現涅槃，而實不滅度，常住此說法。……每自作是念，以何令眾生，得入於佛道，速成就佛身。

此即法華說法之中軸，從師主佛陀的身上得見法住法位的實相，以及久遠不息之妙用。見一切世法是變易無常，即是苦法，苦法滅盡即是我見止息，又是解脫（vimukti），又是寂滅（nirvrti）。因此，解脫是消極之事，寂滅非究竟之實相。於此多苦的世法中，有超越苦樂的實相，若制御渴愛，無量慈悲之廣闊天地自然呈現。佛陀自己覺了實相，又示予眾生，自己逍遙於此天地，又接引吾等於其處，現在的師主佛陀與實相久遠之法一如，其感化久遠以來不曾斷絕，隨順實相，又為眾生揭示此實相。就其本性而言，佛陀是久遠壽量的如來（所謂本門），若依其妙用而見，則無異於在三千世界注一味甘露之大雲（所謂迹門）。因此信仰此師主為如來者，能直霑佛智慈雨，為一切知的佛日所照，解脫世法，斷絕渴愛，同時，又能獲得此宏大的如來之神力，能與其自在力（vṛṣabhita）、祕要藏（rahasya）、甚深事（gambhīra-sthāna）相接。如是，滅諦之最高理想在於此神力之獲得，於佛陀所顯現的人法一如的妙力，能開發眾生心中之妙法華，又能令彼等進入隨順實相的生活。而如此隨順妙法的眾生是依本來之佛種而結成佛果，實與三世一切諸佛之道相同，其種因、證果相等，又能與一切眾生顯現同一體之實。亦即《法華》所呈現的佛教，主要在於應尊仰現在的師主為如來，此一信仰，一方面是諦觀、證悟諸法實相，同時又開顯與久遠的如來相同的性相因果的佛智，而此應在現今的世法中，或在遠大的修行上，體現實行之。簡言之，相信佛陀，依此而超越私慾，歸入於萬有一體，於生命中實行此一如之實相乃是佛教要旨。

第七章　生天與往生淨土

滅諦之理想是解脫生死，或脫離苦界。因此，佛教將寂滅之無為視為究竟理想，同時又將超越此世間苦惱以及惡趣輪迴的天界生活作為信徒之目標。究竟的心解脫必須是三學具足以及獲得三明的四果最上的聖者才得以到達，其他的人或下根之人則以其次的解脫為期，依相信佛之教法，守持戒律，避免造惡。而墮於惡趣是惡業的果報，其相反的善業是生於善趣之因。因此，生於天界（sagga-loka）或善趣（suggati）對於部分的佛教徒雖只是暫時性的，但仍不失為理想。所說的善業是指守持不殺、不盜、不淫、不欺等十戒，行此等之外，對於佛、法、僧、戒應抱持不壞之淨信，不迷不退，從而又守一切正道。如是，作為善業的果報，眾生能享四天王、三十三天乃至化他自在天等天界多幸的生活，但此等仍屬五趣輪迴之一，其生命終有盡時，故天界的幸福不免仍是無常。是故，佛陀告誡不應視此等天界為究竟，認為此乃是梵天自以為常住的邪見，此如先前所述。或告曰：於此世轉輪王七寶具足，以四神力擁有四天下，死後雖生於天界，然猶未脫生死之因，反之，比丘修行者雖營乞食生活，臥草寢野，以有不壞淨信故，能解脫惡趣。佛經中，載有破此執著天界生活的故事。爾時比丘尼優波折羅（Upacālā）於林間靜坐，惡魔來誘惑曰：

> 忉利及炎摩，兜率（Tusitā）與化樂，他化自在天，是處極快樂，汝應願樂彼，受於勝妙事。

比丘尼曰：

> 忉利及炎摩，兜率與化樂，他化自在天，諸處雖受樂，不離於我見，必為魔所縛，世間皆動搖，彼亦歸遷謝。無有諸凡夫，離魔之境界，世間皆熾然，世間皆烟出，離於動搖者，我樂如此處。斷除一切愛，滅諸無明闇，逮得於滅盡，安住無漏法。以是故當知，波旬墮負處。

如是，將往生善趣（uppajita-kāma）視為魔之誘惑，認為諸天的生活同樣是在火宅焦熱之中，雖然如此，但一般佛教徒的心中仍將其具體的理想寄託於天上的安樂國。佛陀在生於此世界之前，被視為曾暫時居住於兜率天（Tusitā，梵 Tuṣitā），而未來佛的彌勒

（Metteya，梵 Mait roya）也被視為也今亦住於此處，因此產生將此處視為是理想界的信仰。不清楚此一信仰起源於何地、何時？但從伴隨對彌勒菩薩的信仰而廣泛傳播於各地看來，其起源甚古，恐是佛陀入滅後，作為失去依托的佛教徒之慰藉而興起。如此的生天思想雖非佛教徒本來精神，又非涅槃之究竟相，然前佛既去，後佛未現，期望往生於一生補處（梵 ekajāti-pratibadaha）的彌勒現今所居之處，受其化導，其情完全得以想像。據此看來，此一信仰類同基督教的聖靈（Paraclete）信仰，而其勢力於中世的中國、日本特為興盛，今日於南方佛徒之間亦得以見之。

如同此未來佛將開創其淨樂之國，接引眾生，過去諸佛也有如此的樂國，據此而產生淨土往生之信仰。此與兜率上生之信仰何者為先，何者為後，難以知曉，但兩者平行發展而成為佛教的兩大勢力。淨土其數不定又無限，然其中最具勢力的，應是無量壽（Amitāyus）或無量光（Amitā bha）的阿彌陀（Amita）如來之佛剎（Buddha-kṣetra）的極樂淨土，亦即樂有（Sukhāvatī）的淨土。此如來及其樂土在佛典中隨處所見，所傳甚多，然其主要經典則是大小的「樂有莊嚴」（Sukhāva tī-vyūha），亦即《無量壽經》。

據此二經所述，極樂淨土之莊嚴快樂是，其國無一切惡道，氣候不寒不熱，行樹欄楯莊嚴，七寶珠玉枝裝飾，池溝苑林清淨，飛鳥奏樂，又有八功德水等，其快樂之狀，正好與此世的苦惱相反，也與涅槃寂靜的無為安隱相反。但此等快樂的狀態，正如同吠陀時代常被描述的夜摩天之樂、卡烏西達其的梵界莊嚴、帝釋天的歡喜園（Nandavana）、毘濕拏的瓦昆達（Vakuntha）天，佛教的大善見王城等，可以說印度想像文學最為常見，故不足以作為極樂淨土的特色。佛教雖接受如此的淨土作為其究竟之理想，但從另一方面而言，可以說只是阿附世間所好（想像文學之美是另外的問題）。雖然如此，但佛教絕非屈服於世間俗眾，而是從其所好之後，再予以導引，提高其信仰，淨化其理想。亦即極樂雖類似快樂之鄉，然就其究竟而言，絕不容許眾生執著於快樂，而是揭示應超越苦樂，斷絕一切執著的聖者之國。因此，《無量壽經》述說極樂國之聖眾菩薩曰：

> 彼等於彼極樂國皆無苦樂，無我執，無彼我之情，無競爭。彼等對眾生起大慈心，具等心、慈心、柔軟心、淨心、深心、定心，進趨菩提之道，具無量功德，又得天眼，得智眼，能度彼岸，覺了法性。彼等了知一切法自性寂靜，無所著，無畏。云云（摘錄）

亦即極樂國之理想不在於受樂，而是在於獲得覺了諸法真實之佛智，開發無量慈愍的佛心，其究竟是與佛陀的悲智成為一體。而此極樂世界之教主的阿彌陀佛，於永劫之往昔發起本願（pūr va-praṇidhāna）引攝一切眾生。其所發本願是若有眾生起念佛一念，唱一聲佛名，將攝取不捨。就此而言，以阿彌陀為中心的淨土教開發出佛教其他流派所無的新局面，發揮其感化億兆眾生之力。佛教史上，有關此如來及其本願的起源等應再多加研究之事甚多，此處略過。

總的說來，生天的信仰自始一直是佛教的傍系，然隨著其勢力漸次擴大，天國、理想界之思想漸次被提高淨化，甚至從中產生他力救濟之福音。兜率生天與極樂往生，正如同般若之空觀、法華之實相觀，都是佛教史上的大勢力。

第九篇

道　諦

（正道及其實行）

Saṃyutta Nikāya 45. 4.

Yassa saddhā ca paññā ca, dhammā yuttā sadā dhuraṃ, hirī īsā mano yottaṃ, sati arakkasārathi; Ratho sīla-parikkbāro, jhāna-kkho cakka-viriyo, upekkhā dhura-samādhi, anicchā parivāraṇaṃ, Abyāpādo avihiṃsā, viveko yassa avudhaṃ, titikkhā dhamma-sannāhoyogakkhemāya vattati, Etad attaniyaṃ bhūtaṃbrahma-yānaṃ aunttaraṃ niyyanti dhīrā lokaṃhā,aññadatthu jayaṃ jayanti.

雜阿含

信戒為法軛，慙愧為長縻，正念善護持，以為善御者，捨三昧為轅，智慧精進輪，無著忍辱鎧，安隱如法行，直進不退還，永之無憂處，智士乘戰車，摧伏無智怨。

第一章　正道之觀念

如佛在鹿野苑說法時之所明示，佛教的實行在於履行可到達苦滅之正道。從見解觀念而言，正道是指超越有無二邊的中道；從實行而言，是指制御苦樂的中道，而此中道即是完全依從世尊師主之教，隨順正法，以滅盡煩惱為其理想。此道不只是現在師主的正法，也是三世諸佛同一成佛之道，是一切眾生的一乘之道。因此，步於此道者，是進入諸佛諸聖者之團體而實現正法涅槃的人，亦即是進入與三世聖眾同一僧團（Saṅgha）之人。道之實行是佛法之實行，而其機關則是僧團。

所謂中道，在於離有無苦樂之二端，但所謂的離二端，並非只是否定或消極的觀念，而是在於棄邪就正，絕惡修善。世間之道是屈曲（kumma）之道，佛之正道則是安隱堅固（khema）之道。佛曾以喻明之，曰：

> 群鹿入於大沼地。某人欲陷彼等於不利，故閉其安隱、利益、愉快之道，開啟陷於沼池之路，迫彼等入於其道，群鹿

遂亡。反之，若有人憐愍彼等，欲令彼等有安隱、利益、愉快之樂而閉其邪路，群鹿得以遠離沼池，遂昌盛繁殖。

大沼池是指五欲之世，群鹿是指眾生，惡意之人是惡魔，邪路是八邪道（micchā-magga），善意人是佛陀，安隱路是八聖道（ariya-magga）。今我為汝等開啟安隱、利益、愉快之路，關閉邪路，塞絕陷於泥沼之路。大師給予其弟子之慈心哀憐愍念，今亦悉給予汝等。

簡言之，世間之道是不善非聖之道，是耽溺利欲之道，佛陀之道是善，是聖，是可到菩提之道。例如苦與苦集的事實是世間之道，滅與道是菩提之道，執著是邪，離脫是正，無明是非聖，明是聖。

尋求（pariyesana）有二，更無第三。云何為二？謂聖（ariya）尋求、非聖（anariya）尋求。云何名為非聖尋求？謂有一類，已有老法，尋求老法；已有病法，尋求病法；已有死法，尋求死法；已有愁法，尋求愁法；已有染法，尋求染法。云何老法？所謂妻子、奴婢、僕使，象馬、牛羊、鷄猪、田宅，金銀財穀是名老法。如是老法，是諸有情生死苦本。愚夫異生，於此守護染愛耽著，由此不能解脫生死，故

> 名老法……由此尋求，能引一切生、老、病、死、愁、歎、憂、苦、諸熱惱法。是故如是非聖尋求，如來終不稱揚讚歎，唯勸導之，令知捨離。云何名為是聖尋求？謂有一類已有老法，能自了知我有老法，能如實知老法過患，尋求畢竟無老無上安樂涅槃。……由此尋求是賢聖法，能永出離，能趣涅槃，能厭能離，能滅能靜，能得通慧，能成等覺，能證涅槃。由此尋求，能超一切生、老、病、死、愁、歎、憂、苦，生死熱惱。是故如是是聖尋求，一切如來稱揚讚歎。

善惡、正邪、聖非聖之別，是依其言行思想是否以菩提，亦即以覺為理想，是否向覺（sambodhi-parāyana, sambodhigāmī）而定。中國佛教所說的轉迷開悟即此。雖然如此，但以菩提為理想者，未必皆直往菩提道。縱使就正修善，若將此視為修善功德之道，則其行雖善，其內心仍未脫利福之念。如此的修善者雖得生天利福，然並非真正的涅槃之道，換言之，是有漏、貪著之善，是以福德為分（puñña-bhagiya）之善。反之，對於一切善業不希求果報，以無漏心、菩提聖心（anāsava-citta, ariya-citta）修聖道，其善即是超越世間，是出世間（lokuttara），是直往菩提之道。因此，道行的目的在於出世間，為此目的，對於在家修行人，佛陀雖暫許福德善行，但最終仍是欲令入於出世間之道。佛教的理想並無出家在家之別，都是令入菩提的無上道，但就實行之道而言，無法自始即令一切人直往菩提之道，故允許有漏聖行，出家與在家相助，最終臻於無上涅槃。此乃佛教僧團中產生二重道德的原因，後文將就此述之。

正行聖道之中，雖有如此區別，但就其理想而言，道是淨化一切眾生，令彼等度脫之道。道行的方法上，觀法念處雖有種種不同；在善德上，信心慧學雖然有別，但此等皆是相互助成而進向菩提之路。諸道行既是正道，則任一皆不可偏廢，如手手相洗，足足相淨。而此道又是遍於一切眾生之道，三世行者皆同此途。

> 此道一途，在於為淨化眾生，為絕滅憂愁，為消滅苦痛，為到達知，為實現涅槃。
>
> 見生滅而知究竟者，了知一乘之道而哀憐（眾生），
>
> 依此道，過去諸佛度流，
>
> 未來諸佛度流，現在諸佛亦度流。

漢譯又曰：

> 究竟生死際，調伏心清淨，於生死輪際，悉已永消盡，知種種諸界，慧眼顯正道，譬如恒水流，悉歸趣大海，激流浚漂遠，正道亦如是，廣智善顯示，逮得甘露法。

第二章　道行之分類

正行聖道最普通的分類是八聖道以及十善業，此不只是通常所稱的行為，也包含內心的修養。亦即身（kāya）、口（vāca）、意（manas）三種行業都有正邪善惡之別，在輪迴轉生之間，是生於諸趣之因，又是趨往菩提之道，因此也是開悟漏盡的道行。又若將此等道行視為教團修業的學習法，即是戒（gīla）、定（samādhi）或心（citta）、慧（paññā）等三種學（sikkha），此中雖也包含世間道德，然其目的主要在於出世間的修行之道。

三學是一切道行最含括性的分類。戒學是指行為上的謹慎。其細目即是教團戒條，是行為的軌範。定（或心）學是精神上的修行，其方法是修四禪。慧是指智慧悟了，了解四諦，證悟事物真相，同時重視苦縛之離脫。修此三學時，需要漸次進行，一步一步確實增進其修鍊。恰如耕田，首先整地，然後灌水，水已充滿，才下種，三學漸次相修，一日不怠，又應自然等待種子成熟。又譬如鷄孵化其卵，漸次增加暖氣，時候到了，才破卵，修行需要經時累功。要言之，三學是佛道修行之始終，初始以此為修行的出發點，若予以擴充，則一切向上之道行皆於此中出生。故行者修此，需以誠實堅固的意志，其學習是增進增上（adhi）之學，其向上之目的常不可緩：

> 增上戒心慧，三法勤精進，勇猛堅固城，常守護諸根。
> 如晝如其夜，如夜亦如晝，如前如其後，如後亦如前。
> 如上如其下，如下亦如上。無量諸三昧，映一切諸方。
> 是說為覺跡，第一清涼集，捨離無明諍，其心善解脫。
> 我為世間覺，明行悉具足，正念不忘住，其心得解脫，
> 身壞而命終，如燈盡火滅。

如同三學，也被視為佛教道行之標的的，即是八聖道。關於佛教如何看待三學與八聖道的關係，並無明白記錄，但八事之正行可分別與三學對配。

正見	sammā-diṭṭhi	慧
正志（或治）	sammā-saṅkappa	定
正語	sammā-vācā	戒
正業	sammā-kammanta	戒
正命	sammā-ājīva	戒

正精進（或方便）	sammā-vāyāma	定
正念（或思惟）	sammā-sati	慧
正定	sammā-samādhi	定

此中的「正」（sammā），是相對於邪（miccha）而言，是指向上之道，其中有世間通常的正善與出世間的正善。依此二者之別，對於八事之解釋，《聖道經》所述甚詳。

第一，所謂邪見，是指認為布施功德等是虛，並無善惡應報，既無此世，亦無彼岸，無父母，世上亦無聖者師主、行者等足以引導人的人。反之，相信功德應報，相信有此世彼岸之存在，有父母之存在，相信聖者師主能引導人，此即是世間的正見。進而以聖心、無漏心步向聖道（ariyamagga），成就聖道，成為智慧之力，成為法之基本，以菩提為分，此即是出世間的正見。

第二，所謂邪志，是指五欲之念、瞋恚之念、害他之念。無此等之念的，即是世間的正志。以聖心無漏心能步向聖道，成就聖道，思慮、決定、理會、考察、構想、言說等盡依從此道，此即是出世間的正志。

第三，所謂邪語，是指妄言、兩舌、麈言、綺語，避開此等的，即是世間的正語。以聖心無漏心步向聖道，且棄捨此等四種邪語而述說正語，此即是出世間的正語。

第四，所謂邪業，是指殺生、不予取、耽於淫行。避此者，即是世間的正業，以聖心、無漏心棄捨之，乃是出世間的正業。

第五，所謂邪命，是指欺騙人，行種種不正法得財維生者。反之，以正業維生的，即是世間的正命，以聖心無漏心棄捨邪命的，即是出世間的正命。

如是，棄捨邪命而就正命，精進勤勉，未發之惡，應防之；未生之善，應助長之，此即是正精進。推進正精進而正思慮，離欲，棄捨不善念的，即是正念。住於正念而解脫欲心，解脫恚心、害心的，即是正定。如是，正見、正精進與正定三者前後互助而步向聖道。

要言之，對於正邪之別，佛陀給予甚多訓誡，又教團的戒條是就日常行事施加諸多規定，雖然如此，究竟而言，對於何者是聖，何者非聖，何者無漏，何者有漏，何者是真菩提道，何者是世間善的差別，並非只是修業者自問己心，依其精神的修行作出判斷而已，而是依其實際所行而判別正邪。就此而言，佛教的道德可說是極其實用，一舉一動皆鑑於在精神感化上有幾多影響，而其結果則是比照佛陀訓誡而止惡進善。依「知」而推進「行」，依「行」而資助「知」的修行是此等三學及八聖道之要旨。

將如此的知行一致的修行以種種方法說示，又分成種種德目而作獎勵，此亦屬佛教的感化力。從先前所揭的惡德以及此等德目及修養法之中，可以窺見佛教的實踐性道德。如此的方法通常是分成七科，亦即四念處、四正斷、四如意足、五根、五力、七菩提分，再加上八聖道。

※※※※※※※※※※※※※※※※※※※※※※※※※※※※※※※※

四念處（satipaṭṭhāna）是一種藉由將心集中於一處，防止生起雜念而致力於徹悟真理的方法。而此一心集中的標的有四，亦即身體（kāya）、感覺（亦即受，vedanā）、心（citta）及諸法（dhammā）。

於身身觀住，精勤方便，不放逸行，正智正念，寂定於心。

同此，對於受，是觀受；對於心，是觀心；對於法，是就諸法之一法，觀其法而集中心。將此觀法住心擴充於內外，又同樣的對於身，應觀其成立消滅等。亦即應觀有食，故身生，無食則身滅之理；有觸則受生，觸消，則受消之理；有名色則有心，無名色則無心之理；有憶念（manasikāra）則諸法生，憶念滅則無諸法之理。

依據《念處經》所載，四念處的修行幾乎涵括一切觀法。首先為修身觀，應入於林間等靜處，直身正面結跏趺坐，恰如挽物師一一動其鋸，一一知其強弱而動，一一自覺，制御呼吸，據此首先靜心。如是，觀身體，自覺一一行住坐臥、屈伸飲食、寤眠語默，據此了知身體現狀，制御身體。其次進而知身體不淨，觀爪、齒、皮、肉、骨、髓、腎、肝、心、肺、脾、胃乃至糞尿、淚汗、涕唾、膿血等等，又就其成分的地水火風一一分析之，如是，了知身體的成立與變化。其次進而觀身體的死相，觀身死，捨屍於墓地，一日、二日漸次解體腐爛，皮肉先去，唯骨留存，但骨終亦歸於塵。如是，觀身體死滅，絕一切欲想。

第二，觀感覺，了知苦、樂、非苦非樂之實狀，又對於其苦樂，仔細觀察是與肉體有關或不屬於肉體、內感外感，據此了知苦樂的生滅，制御一切欲。

第三，觀心，對於欲心無欲心、瞋心無瞋心、痴心無痴心，一一覺之，一一觀察散亂集中、大量小量、向上向下、定不定、解脫不解脫，據此了知心而制御一切欲。

第四，觀一切諸法，對於六入、五蘊、五蓋等，一一觀察其生滅變化，制御六入的動搖，了知五蘊的性質，排除五蓋，最後以實現七菩提分為目的。

如是，四念處是從集中注意力而審察身心內外的實狀開始，依此清楚明白覺知而獲得制御之力，從被動的感受內外身心之動搖，到自動的制御之，最後轉向菩提分的修行。觀身不淨（asubha）、無常（anicca）、死（maraṇa）、苦（dukkha）等，亦屬此身觀之一法，在菩提分念法的說明中，將就此說明之。此外，受的觀法之中，對於苦、樂、不苦不樂之觀，就心而言，是與四禪有關；就諸法而言，則四無量等行法皆互相關聯。

佛教徒修此四念處時，首先是採取四觀相次推進之方針，完成此四觀，即是完成一段修業，而其方法於師長相承指導而確實實行之外，並無所傳，但對於修此之時，所當注意的，是以種種譬喻說之。譬如雪山深處，有一長於冰雪中之猨猴趨近人里，忽觸獵師黐膠而被捕，以此比喻不知己境又不守之。同此，吾等怠於觀察自身，不知制御五感，則為五欲惡魔所縛。四念處即是此自觀自制之法，因此，修此法時，應以集中一意為要。例如有人持滿鉢之油，行經人作種種遊戲歌舞之間，若心一瞬間為外物所奪，油將注於鉢外。此時其身後若有人拔劍從之，告曰：若一滴油落，將斷汝首，為此，此人以身命守油，雖有歌舞遊戲，仍不散其心。對於四念處的觀法，亦應以此心修之。佛道修業者常應以己為燈明，以己為歸依，不怠於己身之觀法。四念處即是淨化一切眾生的一乘道，是去除此世憂苦懊惱之不死法。一切惡想惡行據此而可去，善想善行據此得以生起。

※※※※※※※※※※※※※※※※※※※※※※※※※※※※※

四意斷或正斷（sammāppadhāna），是同於念處的，與心有關的制御法，但異於以主觀的修行為目的的念處，此係基於內觀，意圖支配行為上的活動。對於未起之不善，致力令不生起，精進勤行，精進的把持此心。此稱第一律儀斷（saṃvara-ppadhāna）。同此，對於已起之惡不善，精進的斷絕之，此稱斷斷（pahāna-p.）。對於未起之善法，致力令生起，此即是隨護斷（anu-rakkha na-p.）；對於已起善令久住，令不混亂，令擴大，令弘布，令充實，此即是修習斷（bhāvana-p.）。

律儀斷的實行之中，首先是制御六感，目不迷於美色，耳不為美聲所誘。修斷斷時，則是隨從欲念、恚念、害念等之生起，予以絕滅廢棄之。隨護斷是愛護增長骨想（aṭṭhika-saññā）、膿相（puḷavaka-s）、青瘀想（vinīlaka-s.）、屍想（vipubbaka-s.）、壞想（vicchiddaka-s）、脹想（uddhu mā taka-s.）等不淨觀或其他定心的修行。修習斷是為遠離滅欲而修七菩提分等。

※※※※※※※※※※※※※※※※※※※※※※※※※※※※※

所謂四神足（iddhīpāda），是將可得三明六通的神通力，可到達無漏智之內證的修行道程分成四階段。第一是生起可得神足之願望或欲（chanda），依此願望而集中心、制御心以及下決心。依此決心進而精進（viriya），心（citta）不亂乃至思惟（vīmaṃsā）。漸修此等神足時，如同念處與意斷，當然需要專心凝念，又應「不過於緊張，不過於凝縮，心不內縮，不外散，位於前後想（pacohā-puresaññī），前後上下相等，晝夜不斷的開放心，成就光明心（sappa bhāsam cittam）。」其結果即是六種神通成就。

對於神通的成就，大迦葉的敘述神通成就文以及其他是揭舉四禪、四無量、四無色等修行，據此看來，可知此等是解脫道的要件，又是證得神通之階梯。如意足之第四的思惟希求似是指此。總之，依四段的如意足而成就六通（其中的三明），因此，是於此身的生活中，超越此身，身心皆得自在。第一是通常所說的神通，亦即如意（iddhi），身體可以自由的沉水，或潛地，或空中行住，觸日月，往返梵天。第二是天耳（dibba-sota-dhātu）之力，得聞人天遠近一切音聲。第三是他心（para-citta）通，能入他人心中，得知一切思想。第四是宿命（pubba-nivāsa）通，能了知自他的一生二生乃至無數的前生，生於何處，有何色身，食何等食，經何等苦樂等。第五是天眼（dibba-cakkhu）通，通觀一切眾生美醜、善不善，生死輪轉等。第六是無漏（auā sava），滅一切漏，於當下的生活中，通達心解脫、智慧解脫等，得證阿羅漢聖果。但六通的不思議力並不是以奇蹟為其目的，此等神通是因於證聖果，得無漏智，解脫此世束縛而顯現的自然現象。今日吾等雖不能知曉佛教徒是將何等狀態稱為神通，但如同瑜伽（yoga）的觀法被認為可得神力悉地（siddhi），思想的修行也被視為是佛教修行的要事。而如此的修行，今日猶保存於密教的修行之中。

※※※※※※※※※※※※※※※※※※※※※※※※※※※※※※※

五根（indriya）及五力（bala），事實上並無差別。若視為菩提證智之機關，即稱為根（器官之義）；若就道行之德（亦即 virtue）而言，則稱之為力。譬如流注東方的大河中央有一洲渚，水因此而二分。然其洲東端或西端之水皆屬同一河流之水。又雖二分而流經洲之南北，然其流皆向同一方向，其歸趣同一。同此，說為五根，說為五力，其歸趣（pariyāya）唯一，同是關於不滅，趨向於不滅，歸著於不滅（amatogadhaṃ, amata-parāyanaṃ, amata-pari yosānaṃ）。

所謂五根五力，一是信（saddhā），二是精進（viriya），三是念（sati），四是定（samādhi），五是慧（paññā）。此等皆是流注涅槃之力，又能斷五上分結，所以是阿羅漢的道行。

所謂信，是指信佛陀為師主，從而信其教法，托身於僧團，遵守僧團之戒。故又稱為不壞之淨信（avecca-pasāda），據此得預流果，故稱為預流分（sotāpattiyanga）。

所謂精進，是指增進善法，退治惡法，專心，勇行。其實行之法即是四意斷的修行。

念是指正念，亦即依佛陀訓誡，忠實修四念處。定即是四禪之修行，慧是指四諦之證悟。

此中，慧是一切道行的完成，故為五根五力之上首。如堂閣棟樑、獸中師子、樹木中之閻浮樹。雖然如此，但貫串五根的修行，常作為其基礎的，則是對於如來的「信」。「專心相信如來，對於如來，或對於如來之教訓毫無遲疑疑惑」乃是五德全體之基本。

如此的五根五力其項目幾乎囊括所有的佛道修行，又貫徹其始終，乃是內觀道行的宗教中，最為適當的德目。爾後瑜伽的教條（第一二〇章）也完全採用之。雖然如此，但佛教於此之外，又提出種種德目，或稱此中的信、精進、慧等三者為三力；或以慚（hiri）、愧（otappa）取代念與定；或揭出無罪（anavajja）、攝（saṅgāha）、數（saṅkha）、修（bhāvana）等德目說為七力、九力等。但總地說來，從信、精進、智慧等三者必具看來，此三者可稱為佛教的三根本力。慚是指內心遠離惡法，避免惡行之心；愧是指對於自己所作惡行恥於見人之心。無罪是指因所行清淨，故心無慚愧之種。所謂攝，是指四攝事（saṅgāha-vatthu），亦即布施（dāna）、愛語（peyya vajja）、利行（atthacariyā）、同利（samānattatā）之行。簡言之，對他人親切，自利利他圓滿，攝人於己，於同情中生活。所謂數，是指於一切善惡行業思惟計數其善惡應報，策勵道行。所謂修，即是精神的修行，修四念處、四正斷，故事實上無異於念力。

若包括此等德目，又揭舉其他類似項目，則其數甚多，對於生聞（Jānussoṇi）婆羅門以白馬白車等行於舍衛城內，佛陀如次教誡其弟子：

> 信戒為法軛，慚愧為長縻，正念善護持，以為善御者，捨三昧為轅，智慧精進輪，無著忍辱鎧，安隱如法行，直進不退還，永之無憂處，智士乘戰車，摧伏無智怨。

此與「聖保羅書」（第六章一三～一六）所言同一趣旨。其言曰：「是故應執神之武器，……汝等立時，以誠為帶，結於腰，以正義為胸甲，圍胸，以平和之福音為鞋，穿於足，此外，應取信仰之盾。」云云

※※※※※※※※※※※※※※※※※※※※※※※※※※※※※※

七覺支或菩提分（bojjhaṅga）是實現菩提的修行，尤其是與退治五障有關聯的修行。其項目是念（sati）、擇法（dhammavicaya）、精進（viriya）、喜（pīti）、猗（pasaddhi）、定（samādhi）、捨（upekkhā）等七項。

念是指靜慮靜思之念。身心皆靜，思憶四念處、四無量心等從如來所聞之法，於此靜思之中，得勤勉、修習之力，依智慧而考察實行其法，盡求道之實。如是，念的修行自然成為法之實行，成為法之選擇。

所謂擇法，是指於諸法之中，分別善不善、罪無罪、勝劣、黑白等，棄捨一切不善而就善。實行此分別選擇，即是精進，是勤習、努力（āra-mbha, nikkama, parakkama）之德。實行勤習而如法修行，則愈趨進其步，故此中有進德之喜，喜悅之情又自成猗，亦即安立之狀，得身心之安靜平和，身心完全平和，進而入於定心禪定的修行，得靜止（samatha）、不亂（avyagga）。如是，禪定靜止之心又超越苦樂，獲得捨之安樂。

七菩提分的修行以從念而趨進擇法，漸次到達最高之定心為其通則。如龍蛇生於雪山中，從山谷之谿流而至小池，由小池至大池，由小河至大河，最終入海。雖說為如此，但修行既已熟達之人可應時、應其必要而修習其中任一。恰如王者其筐中納種種衣服裝飾，應朝夕日中各時，自在取出著用。

修行七菩提分的目的在於涅槃，而其效力是遠離、無欲、滅捨。因此，佛教徒依此修行而證得阿羅漢果等種種階位之外，又用於除現在苦惱，尤其面對病苦時，為靜心而修此法。從大迦葉、大目揵連、大淳陀等大弟子病苦之際，佛陀勸勉彼等修此看來，顯然此乃是一種心理療法。但此療法似乎對於佛陀的大弟子才有效力，至於其他弟子罹病時，佛陀大多是揭示五蘊六入之理，對於在家弟子則常勸修不壞淨。

※※※※※※※※※※※※※※※※※※※※※※※※※※※※※※※※※※※※※※※

此外，靜思（亦即念）的修行中，應其情況，也有種種內容。身觀之中，有先前所揭的骨想、膿想等不淨觀（asubha-saññā），如同不淨，都有死、苦、無常等觀法。一般人的修行以四不壞淨為基本，進而有所謂的十念（anussati）。亦即念佛（Buddha）、法（dhamma）、僧（saṅgha）、戒（sīla）、施（cāga）、天（dovatā）、安那般（ānāpāna）、死（maraṇa）、身（kāyagati）、休息（upasama）等十念。如此的分類其交叉複合同於其他分類，又其中多數業已包含於四念處等之中。

此中，所謂安那般，是指制御支配呼吸的長短度數等，是於呼吸之中，集中念慮的方法。因此，其間所修的念慮內容是，四念處、四禪、七菩提分等任何念法皆可。修此呼吸法時，在於據此平穩身體機能，令心寂靜。以覺知一切身行（sabba-kāya-paṭisaṃvedī），令身體隨心所欲；以覺知喜樂（pīti-paṭisaṃvedī）感知伴隨身體靜止平和之安樂；以覺知心行（cittasaṅkhāra-paṭi saṃvedī）吟味一切思想念慮的內容；以覺知心悅（abhippamoda-citta）得內心的安隱歡喜，如是，念無常，遠離滅欲而得出離。此行法通常是在林中靜坐修之，佛陀曾於拘薩羅國壹奢能伽羅（Icchānaṅgala）林中閑居三個月修此行法。北方清涼山林特別適宜夏期修行，所以是佛陀所喜愛的閑居之所。此外，如迦毘羅城外的尼拘律樹林、恆河邊的金毘羅（Kimbilā）林等都是適合此一修行之場所。

其次，又有所謂的八大人念（mahāpurisa-vitakka）。此係伴隨四禪行法的住念之內容。一是少欲（appicchā），不存大欲，不外求名聞，內心自己少欲精進。二是知足（santuṭṭha），遠離無厭足之心，於衣食行住方面，皆能感覺滿足，不多求。三是遠離（pavivitta），不希冀入於人群，身不入世人之間。心住於遠離（viveka），住於確乎不動之地。四是精勤（āraddhaviriya），屏絕懈怠，捨不善而就善，堅固確實修道。五是正念（upaṭṭhita-sati），屏絕邪念，住於如法之念法。六是住於定心（samāhita）而修四禪，七是開啟智慧（paññavā），遠離愚昧，觀察生滅諸法而趨向苦滅。八是不戲樂（nippapañcārāma），捨棄一切妄念或樂想，安心，得心解脫。此八念與先前所述的諸行法彼此亦見交叉錯雜。

※※※※※※※※※※※※※※※※※※※※※※※※※※※※※

據此看來，佛教的道行德目其數雖多，但所歸不外於戒定慧。依戒而護身口意所行清淨，乃是一切道行之預備或基本。定是令此淨化之心趨向道行的方法，是精神修行之本分。而慧是完成此基本與本分而證悟隨順真理的如實之智慧。

佛教的道行中，戒定慧所屬任何項目都以超脫此身苦樂，制息心之動搖，屏絕渴愛與渴愛之生存為其目的。因此，一切善行皆不允許是為期外在的報酬或未來的善報而行之，任何道行皆以自己為燈明，以自己為歸依（atta-dīpa, atta-saraṇa），自觀己心，為己心（sacitta）清淨與解脫而行之。亦即佛教的道德，固然需要相信佛陀，奉行佛陀所制戒行，托身於僧團，然其根本則是自律的道德。信奉如來之所以，是為依其信而親炙融會於如來，而自己亦完成如來之所至。因此，過去或現在諸佛通行不渝的，有關道行的訓言是：

諸惡莫作，眾善奉行，
自淨其意，是諸佛教。

據此可知，諸佛的訓誡乃吾等道行之導向，然此非作為規則法律而束縛吾等、命令吾等，而是如同諸佛，自淨己心乃吾等一切眾生之道行。此道即是三世一貫之道，據此，眾生各自見其本來面目，據此可開發佛智，住於如來的一切知地。所謂諸佛的訓誡並非只是過去諸佛的法則，也是將來諸佛（亦即眾生）共同所應遵守。此一消息若依準如來之理想與法性一如的觀念，則更為清楚明白（參照第四篇及第八篇第六章）。

第三章　菩薩之願行

佛教道德之要，在於以自己為燈明，了解己心真相，於見其心本來面目之處，即可接與三世諸佛同一光明。戒定慧的實行皆基於佛陀之所揭示，故應仿效師主之所實行，然其遵守並非法律性的服從，而是因於實行此等道分，最終可到達與諸佛同一之覺位（參照本書二三五頁）。因此，成就四無心量者，對於一切眾生發揮其無限的慈悲，行四攝事，愛撫引導眾生，將如同一切諸佛，都有喜悅與平靜之心，如是，與諸佛行同樣行法者，又如同諸佛，為教導眾生而大作師子吼。亦即道行是自觀心、自淨意的修行，同時也是佛陀之效傚。

現今所見的佛陀其智德圓滿，其淵源久遠，在證得此覺位之前，彼乃是一名求菩提者，亦即作為一名菩薩（bodhisatta），曾經由種種的精進與努力。而此修行非僅只一生或二生，佛陀曾經歷眾多的前生，因此在證得其覺位之前的經歷也是多生多世。佛陀在說法時，曾採用種種古譚，更且指出此等古譚中的主角正是前世的自己，而此等古譚即被稱為「因緣」（midāna）或「本生」（jātaka）。作為直接德訓之外，此等自然具有令佛弟子追慕佛陀前生修行之力。此追慕之情不僅令人思及生死歷劫之長遠，同時，也能令人思及佛陀的成道並非偶然，其因果實是悠久漫長。是故，本生譚之編者於其序文之首云：

> 千俱胝生生之間，絕量善事，
> 彼大仙、世界之主實行。……
> 無記之始以來，大仙經生生，
> 光曜者一一入其因而說明。
> 此等生生之間，久遠已離脫世界之師主，
> 作為導師，其無窮的菩提之準備已見醇熟。

如此久遠（ciraṃ. ciratṭṭhiti）的修行並非偶然，然若溯其始，實無任何大決心大發願之跡。佛種的成熟乃眾生本來心性之開發，因此，其始為無記（apaṇṇakādi），不能以時間律之，若明白探究其修行悠遠之源泉，則其中的初發決定，正猶如現今的佛陀其出家發願。如此的修行發願的傳說，早已流傳於佛弟子之間，本生譚的序文指出佛陀前生曾作為一名為善賢（Sumedha）婆羅門，彼於燃燈佛（Dīpaṇkara）前發起修行誓願。燃燈佛給予善賢終將成佛之授記

（vyākaraṇa），善賢認為佛之言說既然是不動（adv-ejjha）、不空（amogha），而其授記又是常住不變（dhuva-sassa ta），則自己必成佛道，遂於佛前陳述其大願，曰：

自此我常積集成佛之法，

上下十方法界（修）之。

如是，積集之第一，是施與波羅密（dīna-pārami），

先世諸大仙是積集之大行跡。……

若此等諸事不足作為成佛之法，

則積集成熟菩提（bodhi-pācana）之他法，

如是，積集之第二為戒行波羅密（sīla-pāramī），

先世諸大仙是修習修行。……

此下所行的第三是無欲（nokkhamma），第四是智慧（paññā），第五是精進（vi-riya），第六是忍辱（khanti），第七是真實（sacca），第八是執持（adhiṭṭhāna），第九是慈心（mottā），第十是捨心（upek khā）等諸波羅密，亦即至善之行，成佛之道。

如是，佛陀的前世作為菩薩，曾發願修行，本生譚載有此行者於千百世中投生為一切生類，修種種行之行跡。佛陀的前生既是如此，故現今的佛陀的妻子親戚、信眾弟子乃至怨敵等，皆於此生生

世世之中，有過某種接觸。因此，菩薩行是成佛的種子（bīja），現在的菩提是其果之成熟（paripācana）。後世的佛教哲學所見的本因本果之說或種熟說雖尚未成熟，然其考察之根本早已存在於有關師主的佛果的信念之中。

另就現在及將來的佛弟子見之，彼等尊仰佛陀為師主，隨從其教導，修道行，以求成佛，同時亦應同於因位的佛陀，亦即應模仿師主其過去世的一切善行，為自己的成道種下佛道種子。目前，如來是師主，眾生是弟子，但師弟之關係並非永遠有差別距離的君臣，而是以究竟之一致為期。眾生與如來具有同一性，一切行者皆可成佛。因此，為到達其究竟果，應如同師主的作為菩薩之發願修行，此乃理所當然，又是守持如來之所守持的佛弟子等所應履行。上代的佛教徒僅將「菩薩」此一名稱用於師主修行時期，以及一生補處的彌勒，尚未以菩薩自任，然此乃是名稱上的差別而已，事實上，彼等仍以如來為理想的成佛道之行者，亦即也是菩薩。獨自證得菩提，獨自樂其神通的獨覺（pacceka-buddha），在上代被敬遠為偏僻獨善之人，而自度度人，自己證涅槃，亦引導他人證涅槃的佛陀，應是所有佛教徒其道行的標準。深遠之定慧或不退的精進，乃至宏大的慈悲，皆因作為如來之道、菩薩之願行，才可說基本具足，具有完全的意義，基於如此的意義，一切道行即是菩薩的波羅密。

第十篇
僧　團
（宗教性的團結）

Dīgha-nikāya, 19. Mahāgovinda.

Modanti vata bho devatā Tāvatiṃsā sah-iudakā Tathāgataṃ namassantā dhammassa ca sudhammataṁ, N'eva ca deve passantā vaṇṇavante yassasino Sugatasmiṃ brahmacariyaṃ caritvāna idhāgate. Te aññe atirocanti vaṇṇena yassāyunā Sāvakā bhūripaññassa visesū' pagatā idha Idaṃ disvāna nandanti Tāvatiṃsā sah-indakā Tathāgataṃ namassantā dhammassa sudhammataṃ.

長阿含・典尊經（仄九之二九）

忉利諸天人，帝釋相娛樂，禮敬於如來，最上法之法，
諸天受影福，壽色名樂威，於佛修梵行，故來生此間。
復有諸天人，光色甚巍巍，佛智慧弟子，生此復殊勝，
忉利及因提，思惟此自樂，禮敬於如來，最上法之法。

Saṃyutta-nikāya, 8; 8.

Parosahassaṃ bhikkhūnaṃ Sugataṃ payirūpāsati, desentaṃ virajaṃ dhammaṃ nibbānam akutobhayaṃ. Suṇanti dhammaṃ vimalaṃ sammāsambuddha-desitaṃ, obhati vata Sambuddho bhikkhusaṅgha-purakkhato. Nāga-nāmo 'si Bhagavā, isīnaṃ isi-sattamo, mahāmegho 'va hutvāna sāvake abhivassati.

雜阿含（辰四之六五右）

千比丘眷屬，奉事於如來，大師廣說法，清涼涅槃道，
為聽清白法，正覺之所說，正覺尊所敬。處於大眾中，
德陰之大龍，仙人之上首，興功德密雲，普雨聲聞眾。

第一章　僧團的理想與組織

佛教的戒定慧其修行根本，在於自己的修養、自心內證之覺悟。證得阿羅漢果是「於現法中，自我通達而證悟」。因此，舍利弗及目揵連入滅之後，佛陀以此為機緣，教導諸弟子應以自己為燈明，以自己為歸依，修行正念正智，又覺知自己即將入滅，因此於提出同樣的訓誨之外，又叮囑佛弟子不應拘泥於小小戒，且應各自不放逸等。雖然如此，但此等自為燈明之證智或不放逸的戒行，皆應基於師主教導，列於五根五力之首的，即是信仰。尊仰佛陀為師主，故信其所揭示教法，又托身於依其感化而成立的教團，亦即僧伽（Saṅgha）。因此，雖為修禪定而隱居於山林，獨坐於空處，但行者之心必須與佛陀相連，與同信同門成為一體。就有形的團體而言，所謂的僧伽，是以佛陀為師主，出家行者與在家信者都包含在內，是依戒律規定所組成的團體，從精神的方面而言，是同修戒定慧、智慧解脫而步向無為道的和合的團體。

世尊的弟子眾（sāvaka-saṅgha）能順行，直順行，正順行，完順行。依四眾八輩所成的世尊弟子眾是可敬，可貴，可禮，是世上的無上福田。聖者受樂之戒行不可分割，無間斷，蕪雜色，自主，智慧所導，不待他，基於定心。

如是，以佛陀為中心，團結諸多聖者的僧伽是世間最上，又是遍通，例如大海。

恰如大海正流注，湛然不溢岸，於此正法律增上學行進，不入於他道。

恰如大海常不誤其潮時，行於我為弟子等所示學道，一生不越之。

恰如大海不受死屍，若有死屍，直致之於岸，僧伽破戒、惡法、不淨行、隱業，則是非沙門而稱沙門，非婆羅門而稱婆羅門，不容內心污穢，少聞，污穢所生者，直放之，僧伽中，若有如是者，從僧伽除之。

恰如五大河殑伽（Gaṅgā）、耶尤那（Yamunā）、阿夷羅婆提（Aciravatī）、薩羅浮（Sarabhū）及摩企（Mahī）入於大海，各捨本名，歸入一大海，四姓剎帝利、婆羅門、毘舍、首陀從如來所說法律出家，皆失其前族名，歸入釋子沙門（samanā Sakiyaputtiyā）。

恰如世間任何流水入於大海，從空中任何瀑水落入大海，大海之水不因此而增減，諸比丘入無餘涅槃界，無餘涅槃界不因此而有增減。

恰如大海之水一味鹹味，此法律一味（ekarasa），解脫為味（vimutti-rasa）。

恰如大海之中有多寶，亦即真珠（muttā）、摩尼（maṇi）、琉璃（veḷuriya）、螺（saṅkha）、碧玉（silā）、珊瑚（pavāḷa）、銀（rajata）、金（jātarūpa）、赤石（lohitaṅka）、琁珠（masāragalla），此法律中有多寶，亦即有四念處、四意斷、四如意足、五根、五力、七菩提分、八聖道。

恰如大海中有大身眾生住，有帝麑帝麑伽羅（timitimiṅgala）、帝麑伽羅（timiramiṅgala）、阿修羅、龍、犍陀婆，其身百由旬，或二百乃至五百由旬。如此的法律之中，有大身眾生，預流現預流果，一來現一來果，不還現不還果，阿羅漢，順行阿羅漢聖位。

此為如來法律之八未曾有法，亦即佛教團體之不可思議。教團的理想是如此宏大，容納志同道合者，以和合、無諍、共同（saṅgha, avivāda, sāmaggi）為體。而如此和合的精神最能顯現的，即是以師主為中心而聚集，聽其法，共入法味之會集。佛陀為眾多弟子圍繞，恰似大王之下有群臣聚集，前文所述之外，又有二例。佛陀在王舍城那伽（Nāga）山，與其大弟子千餘人俱，其時，詩僧婆耆奢以偈讚歎，曰：

> 無上之導師，住那伽山側，千比丘眷屬，奉事於如來。
> 大師廣說法，清涼涅槃道，專聽清白法，正覺之所說。
> 正覺尊所敬，處於大眾中，德陰之大龍，仙人之上首。
> 興功德密雲，普雨聲聞眾，起於晝正受，來奉覲大師。
> 弟子婆耆奢，稽首而頂禮。

爾時世尊於毘舍利，住娑羅樓臺之大林。其時五百離車族人敬禮世尊。彼等或喜濃青者，飾濃青色，著濃青色衣，莊嚴濃青色飾品；或喜黃者，飾黃色、著黃色衣，莊嚴黃色飾品；喜紅色者，飾紅色，著紅色衣、莊嚴紅色飾品；喜白色者，飾白色、著白色衣，莊嚴白色飾品。然而置身其間的世尊，其色彩威嚴勝於眾等。如是，婆羅門頻其耶尼（Pingiyāni）從座而起，偏袒右肩，白偈讚禮世尊，曰：

> 白蓮、紅蓮皆能香，花落香不去，
> 見如日空中輝耀光曜之大雄。

如是，五百離車眾皆禮拜世尊一如婆羅門頻其耶尼。

如此聚集的會眾是現實僧伽的寫照，然其感化在於精神上的團結而憧憬理想。現實上，佛陀作為大眾的中心，為大眾說法，又統率大眾，實行正法戒行，其所基在於三世諸佛的一乘道，其目的在於引導上自梵天王，下至畜生地獄的眾生。因此，僧伽其性質及其理想之必然結果是，不只包括人類可見之聚眾，也包容諸天精靈。《三寶經》其開卷於呼集天空地上一切生靈之後，揭出三寶頌；在《大會經》中，以淨居天（Suddhāvāsa）為首的一切諸天來集迦毘羅大林，禮拜佛陀，可以說三世諸佛的僧伽中，經常可見如此的群眾大會。《典尊經》述及忉利、帝釋諸天在天上敬禮佛陀，更且群體皆歸依其教法，《阿達納提亞經》述及在王舍城的鷲峯上，四天王、夜叉（Yakkha）、犍陀婆（Gaudhabba）、鳩般荼（Kumbhaṇḍa）、龍神（Nāga）等雲來集，禮拜過去諸佛及釋迦尊，並表示將守護其弟子眾。此等諸天來集佛陀說法會座的盛況，在大乘經典中，更是超乎想像，然其思想正如同諸天、諸天子的信仰，早已存在，而佛陀的僧伽包含此等在內。佛陀的出世是為利益人天，其轉法輪實出自梵天勸請，故其僧伽包含一切人天眾，也是自然之數。今之師主其教化既是基於三世諸佛一乘之道，則此僧伽自當包括可成佛之眾生，以及過去已成之諸佛，此等諸天眾亦曾參預過去諸佛會座，常尊信佛陀，又守護佛教僧伽。

> 在地上者，住空中者，一切眾生來集此處，
> 此等一切眾生，注意，專心，聽其所說。

《三寶經》所作此說常是佛教僧伽的精神，《法華經》的「化城喻品」中的過去大通智勝佛（Mahābhijñajuṣnābhibhū）會座，以及「踊出品」的一切人天及本化菩薩的大集會，無非是此精神之誇大。

※※※※※※※※※※※※※※※※※※※※※※※※※※※※※※

佛教教團的理想在於攝受一切眾生，而此並非抽象的或幻想的描繪，而是清楚明白且具體擴充以師主釋尊為中心的會眾其精神和諧的思想。是故，在《大會經》中，來集大林的淨居天指出其集會是以匯集真理之法，匯集離垢之聖者，以及歸依佛陀為其目的。其偈曰：

> 林中有大會，天身者來集，
> 參預此法會，欲禮無上勝之僧伽。
> 處於此間，比丘等皆悉寂靜，自心正直，
> 如御者制眼，智者攝護諸根。

斷刺，斷關，靜止不動的揭出帝幢，

清淨，離穢，有眼，其行如調御之靈象。

歸依佛陀者不墮落，捨此人身後，將成就天身。

《三寶經》於揭出一切生靈來集後，進而揭出對於佛、法、僧三寶的讚歎，尤其是稱揚僧伽眾的道德，但如同此《大會經》，於顯示僧伽理想宏大之外，也顯示調御、克制的修行即是僧伽之生命。因此，僧伽在組織上，需要嚴格實行，而其群眾則須修持戒行，力求道行上和合。僧伽的組成分子，廣則可說為八輩（purisa-puggala），就人類而言，有婆羅門、居士、沙門等；就天界而言，四天王、忉利天、魔天、梵天諸眾皆包含在內；狹而言之，是人類的男女出家行者，亦即比丘（bhikkhu）、比丘尼（bhikkhunī），以及男女在家信者，亦即優婆塞（upūsaka）、優婆夷（upāsikā）等四眾（purisa-yuga）。此等會眾是基於理想而相聚，而其團結和合之中心在於佛陀。此係以佛陀為師主，相信其所說真理，依從其所制定戒律（vinaya）而修行。所謂戒律，就現實而言，是指有關受戒入團的作法乃至日常生活的規定，以及教團集會法規與犯者之罰則；就精神而言，所行則是與三世諸佛相同而到達同一涅槃的道路。其組織與規律之大要載於《上世印度宗教史》（第三部第三章），故此處略過。又關於比丘的日常生活，以及僧伽集會之布薩，大致上同於前文（第五篇）述及佛陀時之所述。就此而言，佛教徒所行是依循佛陀先蹤，而戒律是其道行標目，同時又是出自師主命令，是僧伽延續的教權。

如是，如來的教法真理流傳於世，若求正法久住（ciraṭṭhiti），一方面需要修慧練定，同時又應尊重三寶之一的僧伽，嚴守其戒律。大迦葉是佛滅後，立於幾乎相當於師主地位的僧侶。大迦葉曾問佛何以正法（saddhamma）減退，偽法亦即像法（saddham-ma-patirūpaka）出。對於此問，佛陀答曰：

> 比丘、比丘尼、優婆塞、優婆夷尊重信順師主、法、僧伽、學、三昧而住，則正法留住，不隱沒，不減退，反之，則減退。

信順尊重是歸依三寶的要契，戒律之精神及僧伽組織是佛教之要件，也在於此，此信順之情若予以擴充，則是從服從一轉而成大慈悲的包容。因此，尊重教權的上座部揭出戒律之德有五，曰：

（一）僧伽永安，攝取感化群眾，

（二）令不信者信，已信者信增進，

（三）斷絕不奉行戒者，

（四）令外道異端之徒入正道，

（五）給予有犯有過而心慚愧者安隱慰藉。

對於上座之教權可說持相反立場的大眾部，亦列舉出受持戒律之必要，曰：

（一）為建立佛之教法，

（二）為令正法久住，

（三）為有疑又有悔，但不問他人而決之，

（四）為犯罪而抱持恐怖之心，而求依怙歸托，

（五）為遊化諸方而無障礙。

而大乘戒律也揭舉其奉行者之五利，曰：

（一）十方諸佛愍念其人，常守護之，

（二）命終時，因正見而心歡喜，

（三）生於善趣，與諸菩薩眾共同生活，

（四）依功德之積集，戒之至善盡成滿，

（五）今世後生性戒福慧多圓滿。

要言之，佛教的僧伽其源發自佛陀在世的布薩會，若擴展其精神，則以諸天為始，一切眾生與三世諸佛皆可含括在內；若充實其團結規律，則是確定教團組織與戒律之教權。而具有如此精神理想與組織規律的教團在佛教中出現，乃是宗教史上特為顯著之事，佛

教有別於社會的組織，而得以超越國民人種之所以，是因於其教團理想宏大。雖然如此，佛教的僧伽其精神理想雖越發擴大，然其組織統制之統一並沒有顯著發展，隨其傳道之擴展，而分離的傾向也增長。對此還須作歷史上的研究，同時也是佛教作為宗教，於其性質上應再深加思考的。

第二章　僧伽與世俗生活

佛教的僧伽是出家（pabbajita）行者與在家（sagahaṭṭha）信者包含在內。出家沙門棄捨一切所有，居無定所，披著袈裟（kāsāya），亦即披著壞色衣，持鉢乞食，四處遊化修行。反之，在家信者是居家過世俗生活，只持守五戒，若受優婆塞戒者，須著白衣。因此，袈裟衣的行者與白衣信士在戒行上有別，若就究竟而言，出家生活才是真正佛教徒之所歸，在家生活只是權宜。就此而言，可以說佛教的道德有二重。雖然如此，但佛教於身口意三業中，最重視意業，認為自心清淨最為重要，因此，出家修行未必是唯一途徑，但成道的理想則四眾皆然。因此，婆蹉種婆羅門白佛曰：

> 瞿曇！若此法唯瞿曇得成就，比丘不得成就，……又瞿曇得成就，比丘得成就，比丘尼不得成就，……或在家白衣淨行優婆塞不得成就，……或樂諸慾優婆塞不得成就，……或在家白衣淨行優婆夷不得成就，……或樂諸慾優婆夷不得成

就，……則此淨行不完全。然而，此法瞿曇得成就，比丘得成就，比丘尼得成就，在家白衣淨行優婆塞，樂諸慾樂優婆塞，在家白衣淨行優婆夷，樂諸慾優婆夷得成就，故此淨行完全。

瞿曇！恰如殑伽河傾於海，向於海，注於海，入於海而安靜，如是依從瞿曇者，在家出家共傾於涅槃，向於涅槃，注於涅槃，入於涅槃而寂靜。

此乃一切信者終入涅槃之意，未必需要將出家在家置於同一位置。但教團的戒律是制定比丘尼對於比丘應表示敬意，在家信者應尊重出家行者，服從之，在家布施出家，護持其生活，出家教導在家。在家所施之物是財施（āmisa-dāna），出家所施是法施（dhamma-dāna），二者相助，於自利利他圓滿中，形成僧伽，互勵淨行，滅苦向涅槃。故曰：

在家（sāgārā）與出家（anāgārā）二者相依，
精勤無上安隱之正法。
衣服、飲食、臥具由在家（施之），
畏怖之排除，則由出家酬之，
家主求依處者，依賴善逝，

相信聖者，為聖智而禪思。

如是行法，（行於）到善趣之道，

天界歡喜，樂悅欲樂。

二眾相依，受人天快樂，

度生老病死，到清涼涅槃。

雙重道德的缺點雖不能完全除去，但由於二者互助，因此，於世俗生活中，也有佛道修行，在家的弟子中，也有得道之人，此最應予以注意。在家的女性信者中，有行慈善活動之人，此如前文所述，優婆塞中，亦不乏顯著人物。如智慧深遠，長於法說（dhamma-katha）的馬吉卡聚落（Macchikā-saṇḍa）的長者質多羅（梵 Citra，巴 Citta），彼與佛陀的問答，即顯示其哲理之造詣非比尋常。此外，舍衛城的須達（Sudatta）長者是教團的大施主，又是有德之人；阿臘毘（Āḷavi）的手長者（Haṭṭhaka）長於四攝事之行；毘舍離之長者優竭（Ugga）以柔和之德聞名；阿姆巴達（Ambaṭṭha）的勇長者（Sūra）以不壞淨信著稱，釋迦族的摩訶南（Mahānāma）其學德皆眾所尊重等等，皆是得道之實例。因此，在回答摩訶南之問時，佛陀提出優婆塞的資格有正信、戒行、多聞、捨離（cāga）、智慧等等，又為摩訶南以及耆婆（Jīvaka）指出優婆塞於此等善行應自勵，更且勵人，應通達法與法義（dhamma-anudhamma），凡此皆顯示居士之中，具此資格的人不少。

※※※※※※※※※※※※※※※※※※※※※※※※※※※※

在家信者之外，佛陀及佛弟子等常與外道或婆羅門之智者接觸，或與之道交，或與之論難。此中，婆羅門生聞（Jānussoṇi）、婆四吒（Vāseṭṭha）、堅固（Kevaddha）、種德（Sonadaṇḍa）等，皆是曾與佛陀交換法說的智者，彼等非正式的佛弟子，然而是隨喜者，或有如同友人之結交。而此並非偶然，佛陀對於婆羅門之宗教以及其社會法律並非持反對或抗拒的態度，而是因勢利導，理想化其真義，並予以發揮（參照本書一〇九～一一二頁）。因此，佛陀主張於其僧伽中，四姓平等，認為被社會視為貴種而尊敬的婆羅門其實是指真正有德之人，認為古婆羅門是名實共符之貴族。因此，大迦旃延曾對婆羅門魯醯遮（Lohicca）述及婆羅門之行，曰：

> 古昔婆羅門，修習勝妙戒，得生宿命智，娛樂真諦禪，常住於慈悲，關閉諸根門，調伏於口過，古昔行如是。捨本真實行，而存虛偽事，守族姓放逸，從諸根六境，自餓居塚間，三浴誦三典，不守護根門，猶如夢得寶。編髮衣皮褐，戒盜灰坌身，麁衣以蔽形，執杖持水瓶，假形婆羅門，以求於利

養。善攝護其身，澄淨離塵垢，不惱於眾生，是道婆羅門。

此乃揭出婆羅門古今之變或道行之真偽，在「婆羅門法」（brāhmaṇa-dhammika）中，佛揭出婆羅門的正法及其墮落，清楚顯示佛教對於彼等的態度。佛在祇園時，拘薩羅耆宿婆羅門等來到佛前，詢問婆羅門之法及其古法之正義。佛陀答曰：

昔時諸仙正念而熱行，

棄捨五欲之德，行己之制御。

婆羅門不畜牛，無金，無財，

以入禪思之寶為財，守婆羅門之庫。

如是，彼等無己之所有，仰賴布施而生活，無欲，一生奉行戒行與智慧，世人亦不吝以財施之。此乃婆羅門行者之古法，正與沙門之行相同。又婆羅門居家，過在家生活時，因愛而結婚，應正守一夫一妻之道，恪守夫婦之法規。彼等的理想是制欲、知足與忍辱，米食、住居、衣服之外，不可食酥酪，清淨舉行祭祀，不以牛畜為犧牲。彼等待牛畜如父母兄弟，如以良友待之，給予芻食，不忘感謝牛畜給予人類的所有恩澤。彼等從幼時及至老年，恪守婆羅門之務，為或不為，悉皆勇猛，人人長生而多幸。

然世之腐敗漸生，人人惰弱，見王宮華奢傲奢，婦人盛粧，車為良馬所牽，著彩色衣，家居於宮殿。羨慕有牛畜、土地、美女等權家，遂強請甘蔗（Okkāka）大王為彼增富。為此，大王以營諸祭祀，作為其報，給予種種財寶。如是，得財，得富，助長驕奢，遂越發增長慾心，如渴般的追求利益，一再逼迫王者。彼等進而以牛畜為犧牲，溫順之家畜無罪，卻被殺戮。諸神或祖靈見之，雖皆悲嘆，仍無從遏止此非行，祭祀中，遂有殺牛之事。此前，人類只有貪欲、饑餓與老年等三病，自此以後，九十八病起。如是，可憎之非行成為社會風習，婆羅門卻以此為常事。如是，棄法，社會遂有階級之爭，區分階級，且有為淫慾而忘尊貴，與賤女交之婆羅門或剎帝利。

此一段敘述其歷史價值，另當別論，但其中反映出印度社會的狀態乃是不爭的事實。佛陀認為當時的狀態實是非法，認為古代的婆羅門無論其名或實、種姓或行法皆屬貴種，且意圖以僧伽的戒行復興此古法其真義。因此，此中所述乃佛陀對於當代的批評，也顯示出佛陀的抱負，此正如同相信基督不是為了廢除法律，而是為了恢復法律而來此世界的信念。

要言之，佛教的僧伽其究竟的理想是以彼岸之解脫為目的，處於此現實社會，不僅只與彼調和，更意圖依僧伽之力，導引民眾，教化社會，發揮世法真義，清淨世俗，提高人德。佛陀是社會的改革者，就此而言，可說是正當之評語。

第三章　僧伽與傳道

僧伽是一個意圖將人天等一切眾生導引入一乘道的團體。其所及範圍，既無階級的區分，亦無國土之別，任何國土皆可傳布。此傳道的精神是從佛教的根本精神自然湧出。佛陀接受梵天乞請，為眾生開啟此不滅之門，鹿野苑初轉法輪，且於度六十名弟子之後，立即派遣彼等前往四方。

> 比丘等！我已解脫一切人天之縛。比丘等！汝等亦解脫一切人天之縛。汝等應遊化，為多人幸福，為多人安樂，為憐愍世間，為人天利益、幸福、安樂。同一之道，切勿二人同行。比丘等！應說始善、中善、終善，有義，有文，且完全淨潔之法，又應揭示淨行。有少污受生之眾生，彼等若不聞法終將滅亡，彼等必成知法者。

此即是宣言將佛教傳布於世所作的師子吼。此一精神即是佛陀一生教化的根本，又是佛教傳道之泉源。如是，佛陀及其弟子等一處不住，托身於雲水，以擺脫住居之觀念為目的，彼等無論是在遊化，或雨期的定居，如此的傳道精神皆不曾忘懷。後世於四方傳教時，此一精神甚為重要，其對世間的影響頗大，佛陀在世時，不只遊化於印度國境中的佛陀，於其弟子等之間，其跡已了然可見。

佛陀住釋氏之國天現（Devadaha）邑時，西方居住（pacchā-bhūma-gāmikā）的比丘等欲歸其故鄉，遂向佛陀告別。其時，佛陀為彼等送行，令彼等應接受舍利弗之教，又懇篤叮嚀於歸返西方之後，應無過誤的守持正法。此處所說的西方，難以確定是指何地，但西方是佛教初期傳道首要之地，如長老大迦旃延（Mahākaccāna）常止住於西方阿槃提（Avantī）族之國，其他弟子也有前往該地的人，尤其為將佛教傳到西方而抱持殉教者的精神而前去此地之人。

> 爾時，世尊在舍衛城給孤獨衹園。其時長老富樓那（梵 Pūrṇa，巴 Puṇna）來受教示，受已，白曰：
>
> 西方有名為輸屢那（梵 Śruṇā，巴 Sunāparanta）之國，我欲止住於其他。
>
> 西方輸那人兇惡粗野，若輸那人民辱汝罵汝，汝當如何？
>
> 西方輸那人民若辱我罵我，我念此人等賢善，不至以拳打

我。世尊！善逝！我如斯念。

彼等若以拳打汝，當如何？

我如斯念：此人等未至以石打我。

彼等若以石打汝，當如何？

我如斯念：此人等未至以鞭打我。若又以鞭打，則念彼等未至以劒打我。若又以劒殺我，我如斯念：世尊弟子有輕身體或生命，自以劒死者，今我自不求劒，輸那人民予我劒。世尊！善逝！我僅如此念。

善！善！富那！汝有此忍耐，足以前往西方輸那人之間。今如汝所欲，可前行。

如是，長老富那歡喜的接受世尊教示，並向世尊告別，表示恭敬，起座，執衣鉢，向西方輸那國前去。彼歷經前所未有的旅程，抵達該國，止住於彼等之間。如是，於雨期之間，得五百在家信者，自己亦得三明，終於入滅。就此記述看來，輸那之地應是蠻地，恐是印度河以西之地。

又有一傳，眾多比丘有意圖從舍衛城遊化於北方之地者。彼等抱持此一決心向佛陀訣別，佛陀命令彼等於出發之前，先接受舍利弗之教示。舍利弗告彼等曰：「北方人民聰明，長於論議，若彼等來試問難，當如何？」舍利弗又為彼等揭示無常、苦、無我、空等四法，以及八正道七菩提分之後，送彼等前往北方。此處所說的北方，不清楚是指何國，但從言及其人民聰明，長於論議看來，恐是指西北印度，此地多婆羅門，古典之研究頗為盛行。若依《本生經》所載看來，西北印度是當時婆羅門的教學中心，塔克西拉（Takkhasīlā）是中印度人民最常留學之地。再從佛陀有時也止住於西北拘樓（Kuru）族之都邑劍磨瑟曇（Kammāsadamma）看來，此西北方面早已是佛教的傳播地，甚至還有弟子等遙向西北之地傳道的痕跡。

※※※※※※※※※※※※※※※※※※※※※※※※※※※※※※

佛教得以超越國民之區別，宣傳其人天遍通之教，向四方傳布其寂靜解脫之法，並非偶然。佛陀的一生及其人實是此大歷史之泉源；其深遠的教法是於人心深處，傳其感化之祕音；其僧伽則是從印度擴張於四境以外的國度。佛教僧伽的傳道精神，在佛陀滅後二百年，由於阿育王（Asoka）的推廣而遍及世界，其餘薰德風直至今日還再度於東西方發揮出新生命。其根本養於二千數百年前之印度，枝葉繁茂於亞洲整個大陸的此大宗教，其花果將於何時開放且結實？在述及根本佛教之大要時，不得不令人想起「源遠流長」此語。

國家圖書館出版品預行編目(CIP) 資料

根本佛教 / 姉崎正治著 ; 釋依觀譯. -- 初版. --
臺北市 : 元華文創股份有限公司, 2025.05
面 ; 公分
ISBN 978-957-711-445-7 (平裝)
1.CST: 佛教
220 114005313

根本佛教

姉崎正治◎著；釋依觀◎譯

發 行 人：賴洋助
出 版 者：元華文創股份有限公司
聯絡地址：100 臺北市中正區重慶南路二段 51 號 5 樓
公司地址：新竹縣竹北市台元一街 8 號 5 樓之 7
電　話：(02) 2351-1607　傳　真：(02) 2351-1549
網　址：https://www.eculture.com.tw
E-mail：service@eculture.com.tw
主　編：李欣芳
責任編輯：陳亭瑜
行銷業務：林宜葶

排　版：菩薩蠻電腦科技有限公司
出版年月：2025 年 05 月 初版
定　價：新臺幣 480 元

ISBN：978-957-711-445-7 (平裝)

總經銷：聯合發行股份有限公司
地　址：231 新北市新店區寶橋路 235 巷 6 弄 6 號 4F
電　話：(02)2917-8022　傳　真：(02)2915-6275